L·E·O

Alexandra Strüven
Lass uns
über Engel
reden
L•E•O

L·E·O Verlag ist ein Imprint der Scorpio Verlag GmbH & Co. KG,
herausgegeben von Michael Görden

MIX
Papier aus verantwortungsvollen Quellen
FSC® C084279
FSC
www.fsc.org

Coverfoto: Christian Kaspar www.christiankasper.com
Umschlaggestaltung: Torge Niemann, WRAGE
Innenlayout und Satz: BuchHaus Robert Gigler, München
Druck und Bindung: Print Consult GmbH, München
ISBN 978-3-95736-057-1

Mehr über unsere Bücher
www.leoverlag.de
www. Scorpio-verlag.de

Inhalt

Willkommen beim **Engel-Teamwork**

Falls Du Dich gefragt hast, wer die Person auf dem Cover ist und warum sie Dich einlädt, über Engel zu sprechen, hier die Antwort: Das bin ich, Alexandra Strüven, in Engelaktion. Ob ich im Café sitze oder im ICE, die Engel sind immer bei mir.

Mehr und mehr Menschen haben heutzutage Erlebnisse mit unseren himmlischen Begleitern, können diese aber nicht einordnen oder haben keinen Gesprächspartner, mit dem sie sich darüber austauschen können. Das möchte ich ändern. Und ich freue mich sehr, dass Du Dich für dieses Buch und damit für meine ganz persönliche Geschichte entschieden hast.

Konfrontiert mit einer lebensbedrohlichen Diagnose ... So beginnen viele Berichte von Menschen, deren Leben sich schlagartig verändert hat. Und so beginnt auch meine Geschichte. Eine junge, erfolgreiche Galeristin erfährt einen gesundheitlichen Einschnitt, der sie zwingt innezuhalten. Eine komplette Lebensumstellung ist die Folge, und mit dem äußeren Wandel geht schließlich ein innerer einher. Doch diesen durchlebt sie nicht allein, denn sie bekommt Hilfe. Völlig unerwartet tauchen die Engel auf, und mit ihnen verändert sich alles. Sie zeigen ihre unermessliche Wirkkraft, und es entsteht eine tiefe Verbindung zwischen den himmlischen Gefährten und der jungen Frau.
Was unterscheidet dieses Buch von anderen Engelbüchern? Nun, ich

bin kein klassisches Medium, das zurückgezogen in der Natur lebt. Ich wohne mit Mann und Hund in Berlin Mitte, bin weder hellsichtig, noch gebe ich hauptberuflich Channelings oder Geistheilungen. Ich bin ausgebildete Werbekauffrau, studierte Kunsthistorikerin, Schauspielerin und jetzt eben auch Autorin. Ich bin eine junge Frau in den Dreißigern, die ein ganz normales Leben führt. Fast. Etwas ist anders. Ich teile mein Leben mit Engeln. Ich spreche, esse, liebe und lache mit ihnen. Jeden Morgen gehen wir gemeinsam mit meiner griechischen Hündin Koukla an der Spree spazieren, wir haben Meetings, treffen Freunde und gehen zusammen zu Castings. Jetzt gerade schreiben wir diese Zeilen, und später werden wir noch zum Yoga gehen. Es gibt nichts, was ich ohne die Engel tue, keinen Moment, den ich allein bin. Meine himmlischen Freunde folgen mir auf Schritt und Tritt.

Und weißt Du was? Ich kann mir ein Leben ohne sie und unser Teamwork nicht mehr vorstellen! Zu groß sind die Geschenke und die tiefe Dankbarkeit, die ich durch sie erfahren darf. Kein Tag vergeht, an dem die Engel mich nicht zum Lachen bringen oder mich in der Seele berühren. Dank meiner Begleiter geschehen ständig magische Dinge in meinem Leben. Daran habe ich mich schon fast gewöhnt. Und doch bin ich immer wieder fassungslos, wie clever, weise und liebevoll sie handeln.

Seitdem die Engel und ich Hand in Hand durch den Alltag gehen, hat sich alles verändert. Es ist, als gäbe es ein altes und ein neues Leben. Das alte war oft schön und manchmal wundervoll, das neue ist immer voller Wunder und beschenkt mich jenseits aller Erwartungen. Diese Wunder möchte ich im Folgenden mit Dir teilen. Denn so viel steht fest: Wenn die Engel all das für mich tun können, dann können sie es ebenso für Dich. Sie können es für jeden tun, und sie wollen es für jeden tun. Das ist ihr Daseinszweck. Ja, es ist wirklich ihre »Lebensaufgabe«, für uns zu sorgen und uns zur Seite zu stehen. Sie sind glücklich, wenn wir glücklich sind, und traurig, wenn es uns nicht gut geht. Schließlich ist es ihr größtes Anliegen, uns ein erfülltes, freudiges Leben zu ermöglichen.

Aber wozu erleben wir dann all die großen und kleinen Dinge, die unseren Lebensweg immer wieder aus der Spur bringen? Wozu die Geschenke und gleichzeitig die ungemütlichen Herausforderungen? Damit wir sie meistern und daran wachsen können. Damit wir uns selbst näherkommen und uns mit unserer eigenen Kraft überraschen können. Wir sind hier, um zu lernen, so viel steht fest. Aber wir sind ebenso hier, um zu teilen. Nicht nur unser Hab und Gut, sondern auch unsere Erfahrungen, unser Leben selbst. Viele Lebensgeschichten haben mich inspiriert und berührt, sie haben mich bestärkt und mir Vertrauen geschenkt, meinen hindernisreichen Weg voller Kraft und Freude weiterzugehen. Nun ist es an der Zeit, ins kalte Wasser zu springen und meine Geschichte mit Dir zu teilen. Auch wenn es mir nicht leichtfällt, diese Worte zu schreiben. Denn es geht um meine ganz persönliche, ureigene Lebensgeschichte, die ich bisher wohl gehütet habe, wie einen empfindlichen, wertvollen Schatz.

Um mich in die Welt der Engel zu begleiten, brauchst Du fürs Erste nicht einmal an die Existenz von Engeln zu glauben. Wir tasten uns gemeinsam heran. Ich nehme Dich mit auf meine persönliche Reise, auf der wir gemeinsam alle Möglichkeiten erkunden, die die Engel für uns parat halten. Dadurch lernen wir ihre unendliche Hilfsbereitschaft kennen. Auf unserer Reise zeige ich Dir, wie auch Du die Engel bitten kannst, Dich zu unterstützen, und Du wirst sehen, wie Du die Hilfe, die Dir immer zur Verfügung steht, annehmen und in Deinen Alltag integrieren kannst. Das ist sehr einfach. Es ist ehrlich gesagt so einfach, dass es Dich wahrscheinlich überraschen wird.

Das Wunderbare am Teamwork mit den Engeln ist, Du brauchst dafür nichts Neues zu lernen. Du hast es bereits in Dir. Tief in Deinem Herzen weißt Du alles, nur hast Du es vielleicht vergessen. Für mich sind die Engel keine Frage des Glaubens. Ich glaube nicht an Engel, ich erfahre sie. Und das ist mein Wunsch für Dich und dieses Buch: dass auch Du die Engel erfährst und diesen Erfahrungen vertraust! Und wenn es zwischen Euch erst einmal gefunkt hat, dann wirst Du auf das himmlische Teamwork wahrscheinlich ebenso wenig verzichten wollen wie ich.

Unsere Reise mag einige in komplettes Neuland führen, für andere mag es bereits bekanntes Terrain sein. Aber eins verspreche ich Dir, so oder so gibt es viel zu entdecken, zu erleben und zu erfahren, denn die Kreativität der Engel kennt keine Grenzen.

Du wirst also vieles über unsere lichtvollen Freunde erfahren und darüber, wie Du mit ihnen kommunizieren kannst. Doch ich möchte noch einen Schritt weiter mit Dir gehen. Denn den Kontakt zu knüpfen ist das Eine – und keine Frage, es ist wundervoll und zutiefst berührend, Engelserfahrungen zu machen –, aber den Kontakt zu halten und die kraftvolle Präsenz unserer himmlischen Begleiter zu einem selbstverständlichen Teil des Alltags werden zu lassen ist noch einmal etwas ganz anderes. Doch wie können wir das erreichen? Die klare Antwort lautet: über unser Herz.

Im Laufe der Jahre haben die Engel mir immer wieder gezeigt, wie wichtig es ist, offenen Herzens zu sein, denn erst dann sind wir wirklich in der Lage, ein wahres Team mit ihnen zu bilden. Aus den seltenen

Glücksfällen, in denen wir die Engel ganz unvermittelt wahrnehmen, kann so eine konstante, ganz selbstverständliche und liebevolle Verbindung entstehen. Meine himmlischen Freunde haben mich vieles ausprobieren lassen und mich einem regelrechten Training unterzogen, damit ich genau dorthin komme. Sie haben mich an einen Herzöffner nach dem anderen herangeführt, sie waren meine Trainer und meine Sparrings-Partner – und sie sind es immer noch. Heute bin ich ausgerüstet mit einem ganzen Handwerkskoffer voller irdischem Werkzeug, das mir hilft, mich jederzeit mit dem Himmel zu verbinden. Ein wahres Geschenk, das ich nun an Dich weitergeben möchte.

Herzöffner 1: Dein erstes Engelzeichen

Lass uns nun ausprobieren, wie es sich anfühlt, wenn wir mit den Engeln in Kontakt treten.

Lehne Dich zurück und lass die Schultern sinken. Löse die Zunge vom Gaumen, damit sich die Kiefermuskulatur entspannen kann, denn das ist die angespannteste Muskelgruppe in Deinem ganzen Körper.

Nun atme drei Mal tief ein und aus, damit auch Dein Geist sich beruhigen kann.

Spüre, wie die Luft beim Atmen durch Deine Nase wandert und Deinen gesamten Körper füllt. Deine Bauchdecke hebt sich beim Einatmen und senkt sich beim Ausatmen. Lass das Ausatmen ruhig kraftvoll sein, als würdest Du pusten. Wenn Du möchtest, lege eine oder beide Hände auf den Bauch, das hilft Dir, den Vorgang der Atmung noch bewusster zu fühlen.

Und jetzt formuliere folgende Worte in Gedanken oder sprich sie auch gerne laut aus:

»Liebe Engel, bitte gebt mir ein Zeichen,
dass Ihr wirklich bei mir seid.
Bitte helft mir, Euch wahrzunehmen.
Ich danke Euch von Herzen.«

Bleibe ein wenig in diesem Moment, lausche Deinem Atem, und schau, was passiert.

Es kann tatsächlich so einfach sein. Die Engel haben Dich gehört und werden Dir antworten. Sei offen, sei bereit und aufmerksam in Deiner Wahrnehmung.

Die Engel werden einen Weg finden, auf eine Weise mit Dir zu kommunizieren, die Du verstehen kannst. Sie liefern Dir »Beweise«. Auch wenn die Antworten nicht unbedingt in der Form kommen, in der Du sie erwartest.

Vielleicht hörst Du ein Lied im Radio oder liest einen Zeitungsartikel, der genau die Antwort enthält, nach der Du gesucht hast. Es kann auch sein, dass Du einen intensiven Traum hast – Engel übermitteln ihre Botschaften gern, während wir schlafen. Oder wir haben eine plötzliche Erkenntnis, einen grandiosen Geistesblitz.

Vielleicht kannst Du die himmlischen Freunde tatsächlich körperlich spüren, dann fühlt es sich an wie eine leichte Berührung.

Oder Du riechst plötzlich einen Duft, der Dich an einen geliebten Menschen erinnert. Du hörst eine innere Stimme, die klar und deutlich zu Dir spricht und Dich auffordert, etwas zu tun. Möglich ist auch, dass Du die Engel mit dem dritten Auge siehst und deutliche innere Bilder empfängst. Oder aber Du nimmst sie mit Deinen physischen Augen wahr und kannst die feinstofflichen Wesen klar und deutlich sehen.

All das ist möglich und kommt häufiger vor, als man es vermuten würde. Nur weil man im Allgemeinen nicht über Engel spricht, bedeutet es nicht, dass sie nicht überall präsent sind. Es existieren unzählige Geschichten, Erfahrungen und persönliche Erlebnisse, aber die Menschen haben Angst, darüber zu sprechen, weil man ihnen nicht glauben mag oder sie womöglich nicht mehr ernst nehmen würde. Ich kenne inzwischen fast so viele Menschen mit Engelerlebnissen wie ohne.

Sobald Du Dich den Engeln öffnest, beobachte auch, was sich in Deinem Umfeld tut. Vielleicht erhältst Du noch heute einen lang ersehnten Anruf oder begegnest ganz unerwartet einer Person, die Dir genau an dem Punkt weiterhelfen kann, an dem Du gerade feststeckst. Achte darauf, welche positiven »Zufälle« sich plötzlich ereignen.

Mein **Wake-Up** Call

Was Dich zu diesem Engelbuch geführt hat, weiß ich nicht. Mein eigener Weg zu den Engeln begann etwas holprig.

Ein Gehirntumor brachte mit nur vierundzwanzig Jahren mein bis dahin glückliches Leben aus den Fugen. Er ließ mich innehalten, mich besinnen und für eine Weile das Tempo verlangsamen. Die Hinwendung und Verbindung zu einer höheren Kraft, die ich Gott nannte, war bereits in mir vorhanden, und zu jener Zeit gab mir diese Quelle mehr Halt, Kraft und Mut als je zuvor. Und so kehrte ich gut drei Monate nach einer durch Fügung entdeckten Diagnose, einer Operation und einem nur achttägigen Krankenhausaufenthalt im sprießenden Frühling zurück ins Leben. Niemals werde ich die ersten zarten Gehversuche in der blühenden Allee des Virchow-Klinikums vergessen. Noch nie war der Frühling so frisch, so intensiv, so blumig für mich gewesen. Mein Bewusstsein war geschärft, die Dankbarkeit um ein Vielfaches intensiviert, und eine Neuausrichtung meines Lebens war die Folge.

Ich brach mein Studium der Kunstgeschichte ab und wechselte zur Medizin. Die Rahmenbedingungen waren nun verändert, und doch fiel ich schon bald zurück in mein altes Leben. Ich fand mich in meinen typischen Strukturen und Verhaltensmustern wieder und war nicht gerade froh darüber. Ich beobachtete es, konnte aber nicht wirklich etwas dagegen tun. Es machte mich traurig, dass der Alltag mich so schnell zurück hatte und ich mich tatsächlich über Banalitäten ärgern konnte. Ich suchte Rat und sprach mit Freunden.

»Sieh es doch mal so«, sagten sie. »Freu Dich, dass Du überhaupt wieder in der Lage bist, Dich über Kleinigkeiten zu ärgern.« Ich konnte diesen Ansatz nicht wirklich teilen, aber da ich keinen besseren fand, klammerte ich mich an das Fünkchen Wahrheit, das darin steckte. Ich versuchte, dankbar zu sein. Dankbar dafür, dass ich mich ärgern konnte. Und so verging nicht allzu viel Zeit, und ich stellte die gleichen strengen Anforderungen wie früher, vor allem an mich sebst, und diese sollten entsprechend meiner Karriere weiter und weiter steigen.

Ich hatte schon immer viele Interessen und war stets schnell zu begeistern für die unterschiedlichsten Dinge. Oftmals wünschte ich mir, dass meine Leidenschaft einseitiger und fokussierter wäre, dann hätte ich ein offensichtliches Talent und könnte mich voll darauf konzentrieren. Aber so war es nie. Weder privat noch im Berufsleben. Ob es nun Reiten, Basketball, Leichtathletik, Tennis oder Tanzen war, ich mochte alles und tat auch alles. Beruflich sah es nicht anders aus. Getrieben von der Sehnsucht, einen tieferen Sinn in meinem Dasein zu finden, wurde ich von einer Station zur nächsten geführt, von einer Ausbildung in der Werbebranche, wo ich aus heiterem Himmel landete, zum Studium der Kunstgeschichte und Kulturwissenschaft, welches ich nach der ersten

Operation unterbrach, um ein Jahr Medizin zu studieren, dann jedoch reuig zur Kunst zurückzukehren. Darauf folgte eine Zeit auf der Überholspur. Sotheby's in London, das Museum of Modern Art in New York und schließlich eine eigene Galerie in Berlin. Ein Leben, das ich sinnbildlich mit wehenden Haaren und berufsbedingt viel Alkohol verbrachte.

Ich tat all dies mit Freude und einer absoluten Intensität, die so typisch für mein Sternzeichen Skorpion ist. Ich machte keine halben Sachen, und doch fühlte ich mich nie dauerhaft angekommen oder erfüllt. Trotz tiefer Dankbarkeit für mein Leben beneidete ich heimlich die Freundinnen und Freunde, die ihren Weg offenbar gefunden hatten und ihn gradlinig verfolgen konnten. Kurzum: Ich war mein Leben lang rastlos. Ich suchte mein eigenes Licht und verzweifelt nach einem Weg, wie ich es an meine Mitmenschen weitergeben konnte.

Allein die Zwischenuntersuchungen, erst in halbjährlichen, dann nur noch jährlichen Abständen, geboten mir Einhalt. Die Stunden vor der Kernspintomografie, insbesondere aber die Zeit im Wartezimmer und dann während der Untersuchung selbst zwangen mich zur absoluten Demut. Man wird in eine enge Röhre geschoben, darf sich nicht einen Millimeter bewegen und ist dreißig Minuten von einem laut hämmernden Geräusch umgeben.

Wer bist Du? Warum bist Du? Was willst Du wirklich?

Bitte, geliebter Gott, der Du mich so wundervoll und gesegnet durch diese Krankheit geführt hast, lass die Ergebnisse positiv sein, und ich werde wahrhaftig das tun, was meine Aufgabe hier auf Erden ist. Das, wonach mein Herz sich sehnt!

Doch das sollte seine Zeit und weitere Erfahrungen brauchen. Erst jetzt, über ein Jahrzehnt später und um eine Karriere als Galeristin, epileptische Anfälle und eine zweite Operation reicher, bin ich so weit. Endlich. Ich folge meinem Herzen. Und ich bin in der Lage, die göttliche Stimme wahrzunehmen und ihr zuzuhören. Diese unmittelbare und direkte Stimme hat mein Leben komplett umgekrempelt und prägt es bis heute. Nicht einen einzigen Tag mehr möchte ich ohne sie verbringen. Es ist die Stimme meines Engels. Oder besser gesagt, es sind die Stimmen der Engel. Die unerwarteten Wendungen meines Lebens haben dazu geführt, dass ich mich wieder an sie erinnern konnte – an meine Engel.

Aber wie gesagt, ganz so schnell, ganz so easy sollte die Erinnerung nicht wach werden. Offensichtlich bedurfte es einer zweiten Runde, um schließlich dorthin zu kommen. Sieben Jahre vergingen, bis ich mich erneut mit der Diagnose konfrontiert sah: Gehirntumor II. Diesen Einschnitt ein weiteres Mal zu durchleben, sich den intensiven Erfahrungen noch einmal stellen zu müssen, war ein komplett anderes Erlebnis. Auf schmerzhafte Weise wurde mir bewusst, dass es mit einem Wandel im Außen allein nicht getan war. Dieses Mal ging es um eine Umstellung im Innen, und zwar einer radikalen. Es ging um einen vollkommenen Lebenswechsel, einen Bewusstseinswandel, wie ich später lernen sollte. Diesem habe ich mich Schritt für Schritt gestellt. Was blieb mir auch anderes übrig? Ich wollte gesund sein, ich wollte leben!

Der Entschluss war gefasst, und mit ihm kamen die Engel. Plötzlich waren sie da und wichen mir seitdem nicht mehr von der Seite. Sie waren ehrlich gesagt schon immer da, aber ich war mir ihrer Gegenwart nicht bewusst. Ich hatte sie vergessen. Sie begleiteten mich durch die schwere Krankheit, standen mir in hellen wie in dunklen Stunden bei und teilten die kleinen und großen Momente der Ungewissheit mit mir. Sie schenkten mir nicht nur die nötige Kraft, alles durchzustehen, sondern auch einen unerschütterlichen Mut und ein noch unerschütterlicheres Urvertrauen in meine eigenen Selbstheilungskräfte. Ihrer Führung habe ich mein Leben zu verdanken.

Die Engel sorgten dafür, dass der richtige Mensch zum richtigen Augenblick meinen Weg kreuzte, sei es ein großartiger Arzt, ein Yoga-, ein Meditationslehrer oder wunderbare Heiler. Sie halfen mir auch, stets das perfekte Buch im richtigen Moment zu finden, das mir die nächsten entscheidenden Impulse gab. Zu guter Letzt fanden jede Reise, jedes Seminar, jeder Workshop und jedes Ritual stets zum idealen Zeitpunkt statt. Alles baute aufeinander auf, alles hatte seinen vollkommenen Sinn, alles war perfekt gefügt. Die Engel haben mir meinen Heilungsweg gezeigt. Meine Aufgabe war es, zu vertrauen und ihn zu gehen. Schritt für Schritt vorwärts.

Und nun endlich ist es so weit. Ich kann erfüllen, was ich Gott und mir selbst vor einem Jahrzehnt in einer dröhnenden MRT-Röhre versprochen habe: der Sehnsucht meines Herzens zu folgen. Ich schreibe ein Buch mit und über meine besten Freunde, die Engel!

Nun kennst Du meinen Wake-Up Call, meinen persönlichen Angel-Call. Ich empfinde ihn als Geschenk, das mich dahin gebracht hat, wo ich heute bin. Versteh mich nicht falsch. Es ist kein Geschenk, das ich jemals verschenken würde. Ich wünsche niemandem den Weg, den ich gegangen bin. Aber es ist nun mal der Pfad, den sich meine Seele gewählt hat, um mir die Augen zu öffnen. Um mein Bewusstsein zu transformieren und meine Sinne für den höheren Sinn meines Seins zu schulen.

Doch es braucht keine Krankheit, keine Krise oder Katastrophe, weder um sich mit der Ebene der Engel zu verbinden noch um seinen Herzensweg zu finden. Wenngleich es meist die heftigen Herausforderungen sind, die uns wachrütteln. Sie sind es, die uns dazu bringen, etwas zu verändern, unseren Alltag umzustellen, uns auf den Weg zu machen, neues Terrain zu betreten. Es ist unsere Seele, die nach einer Möglichkeit sucht, uns zu zeigen, dass es noch mehr gibt, was hier auf Erden auf uns wartet.

Wäre es nicht großartig, wenn es einen angenehmeren Weg geben könnte? Wenn das Leben uns auf sanftere Weise zeigen könnte, in welche Richtung wir als Nächstes schreiten sollen? Was wäre, wenn wir beschließen könnten, über unsere Freude zu wachsen statt über Krankheit, Leid oder Anstrengung? Wäre das nicht ein unvorstellbarer Segen?

Meiner Erfahrung nach wollen die Engel uns genau diesen Segen geben. Sie haben mich schon häufig wissen lassen, dass Herausforderungen uns zwar helfen zu wachsen, dass innerer Frieden und Freude jedoch zu noch viel größeren Wachstumssprüngen führen. Seit ich mir meiner Begleiter bewusst bin, habe ich Quantensprünge in meinem Wachstum erleben dürfen. Kleine und große Wunder, die ich nun mit Dir teilen möchte. Denn die Engel zu erfahren bedeutet genau das: inneren Frieden und Freude zu erleben. Und Überraschungen...

Herzöffner 2: Schreiben mit den Engeln

Ich möchte Dir einen Weg vorstellen, über den die Engel Dich schnell und zuverlässig erreichen können. Ich benutze ihn fast täglich, denn es ist definitiv einer meiner Lieblings-Herzöffner.

Wir werden ihn direkt gemeinsam üben, damit Du gar nicht erst ins Grübeln kommst und denkst, es könne etwa kompliziert oder unmöglich sein. Das ist es nämlich nicht. Du nimmst Dir ein Blatt Papier oder setzt Dich vor Deinen Computer, schreibst eine Frage an die Engel auf und dann die Antwort. So einfach.

Dabei geht es nicht darum, einen Bestseller zu schreiben oder große Prosa zu kreieren, sondern ganz einfach mit den Engeln in Kontakt zu kommen. Es ist wichtig zu wissen, dass unsere himmlischen Freunde nicht werten, sie kennen diese menschlichen Definitionen nicht, daher verurteilen sie auch ganz bestimmt nicht unseren Schreibstil. Der

Einzige, der bewertet, ist unser menschlicher Verstand, und er versucht es immer mit allen Mitteln. Sobald wir etwas Kreatives erschaffen wollen, schaltet sich eine Stimme in uns ein, die Julia Cameron den inneren Zensor nennt. In ihrem Buch »Der Weg des Künstlers« beschreibt sie ihn als »einen widerlichen, ewigen inneren Kritiker, der in unserer linken Gehirnhälfte sitzt«. Und damit hat sie recht. Er bewertet, er kritisiert, und er boykottiert. Stets hält er negative Bemerkungen für uns parat, und wir halten das, was er uns sagt, womöglich für die Wahrheit.

In unserem Fall könnte er mit Bemerkungen kommen wie: »Du glaubst also wirklich daran, dass Du mit Engeln kommunizieren kannst?« Oder: »Das willst Du tatsächlich fragen? Das ist doch Unsinn! Mit solchen Banalitäten und Kleinigkeiten kannst Du unmöglich den Himmel belangen! Und wie formulierst Du überhaupt, das nennst Du schreiben? Das klingt ja ganz nach einem Kleinkind.«

Nur damit Du es weißt: Das wäre eine typische Reaktion des Zensors, nicht des Himmels!

Das Gute ist, damit hat der Zensor sich schon entlarvt. Denn wir wissen, es gibt keinen richtigen oder falschen Weg, mit den Engeln zu kommunizieren. Schreib also all das auf, was Dir auf dem Herzen liegt, stell all Deine Fragen, und vor allem schreibe, wie Du willst. Lass es einfach fließen. Vielleicht hast Du schon lange nicht mehr geschrieben? Dann macht es Deinen Engeln umso mehr Freude, dass Du auf diese Weise Kontakt mit ihnen aufnimmst.

Sobald die Engel Dir antworten und die schöpferische Herzensquelle nutzen, die in jedem von uns steckt, dann Achtung, denn jetzt könnte der Zensor unter Umständen so richtig in Schwung kommen. »Und Du glaubst wirklich, das stammt von den Engeln? Du glaubst doch nicht ernsthaft, dass Du in der Lage bist, mit den Engeln zu schreiben?« Oder: »Wie kommst Du darauf, dass ausgerechnet Du Dich mit Engeln unterhalten könntest? Das ist nicht der Himmel, das entspringt Deiner Fantasie. Und ganz ehrlich, es ist noch nicht mal besonders kreativ ...«

Wenn solche Gedanken in Dir aufkommen, wunderbar, denn dann hast Du Deinen inneren Zensor gleich entlarvt. Ich bitte Dich, lass Dich von ihm nicht beeindrucken. Die Stimme der Engel ist genau das Gegenteil. Sie ist reine Liebe. Sie ist sanft, tröstend, liebevoll, aufmunternd, sie schenkt uns Zuversicht und erinnert uns immer wieder an unser ganz eigenes, kreatives Potenzial, an die Liebe und Gnade, die hinter allem steht. Du wirst schnell merken, wie einfach und vor allem wie wundervoll es ist, sich mit den Engeln schriftlich auszutauschen.

Wann?

Wann immer es Dir passt. Morgens den Wecker eine Viertelstunde früher zu stellen ist großartig, dann könnten die Engelgespräche Deine Art der Meditation sein. Wenn das nicht geht, weil Du Kinder hast oder, so wie ich, kein Frühaufsteher bist, dann findet sich eine andere Möglichkeit. Vielleicht in der Mittagspause, abends bevor Du ins Bett gehst, oder Du lässt eine Woche lang die Nachrichten ausfallen und schreibst stattdessen in dieser Zeit eine Viertelstunde mit den Engeln? Der Gewinn an positivem statt negativem Input wäre enorm. Dabei spielt es keine Rolle, in welcher Verfassung Du bist. Der Himmel liebt Dich in jedem Moment, ob Du nun in guter oder schlechter, glücklicher oder trauriger Stimmung bist. Die Engel freuen sich über jede Zeile.

In all den Jahren meiner schriftlichen Engelgespräche hat es mich am meisten beeindruckt, wie subtil es den Engeln gelingt, meine Stimmung und damit meine Schwingung zu erhöhen. Es sind nicht die großen Offenbarungen, die spontan durch einen hindurchgeströmt kommen. Es sind die simplen, leichten Sätze, die mich am Ende eines solchen Gespräches feststellen lassen: »Alles ist gut, danke, lieber Gott, das Leben sorgt für mich, ich bin behütet und beschützt, und ich weiß, ich kann alles schaffen.«

Und schon bin ich wieder angedockt an meine innere Kraftquelle, bin verbunden und kann den Frieden in mir spüren. Mit ihrer sanften und leichten »Handschrift« bringen die Engel uns immer wieder zurück an diesen Ort, und jede Zelle in uns darf in der Frequenz des Friedens und der Freude schwingen.

Wie?

Das Wichtigste ist, dass Du vertraust. Vertraue darauf, dass die Engel Dich hören, und vertraue Dir, dass auch Du sie hören kannst. Ohne Erwartungen, aber offenen Herzens. Du kannst es. Jeder kann es. Schreib einfach auf, was Dir intuitiv als Antwort einfällt. Denke nicht groß darüber nach, sonst gibst Du Deinem inneren Kritiker Raum, und er wartet bloß darauf, das Ganze zu sabotieren. Je mehr Du dich in diese Art der Kommunikation vertiefst, umso mehr wirst Du spüren, wie Deine Intuition in die Antworten einfließt und mit ihr die Inspiration der Engel.

Ganz allgemein läuft ein schriftlicher Austausch zwischen meinen Begleitern und mir ungefähr so ab: Als Erstes bedanke ich mich bei meinen Engeln, dass wir heute gemeinsam schreiben und sie mich mit ihrer liebevollen Weisheit unterstützen. Dann erzähle ich ihnen, wie es mir gerade geht und was ich momentan empfinde, auch wenn mir klar ist, dass sie das natürlich wissen. Ich wende mich an sie wie an enge Freunde, vor denen mir nichts unangenehm sein muss. Ich spüre, wie sich meine Frequenz allein dadurch erhöht, dass ich mich an die Engel wende und ihnen von mir berichte. Meist lassen sie mich direkt wissen, dass sie mich hören, indem sie mich willkommen heißen und mit aufmunternden Sätzen reagieren. Die Worte fließen einfach durch mich hindurch. Ich stelle sie nicht infrage oder versuche, etwas besonders schön zu formulieren. Ich vertraue und lasse los. Auch den Zensor lasse ich los. Allein das Wissen um dieses kleine Wesen, das meist auf meiner Schulter sitzt, erleichtert es mir, seine Stimme auf Dauer nicht ernst zu nehmen. Ich schreibe einfach weiter, und mit jedem Wort wird der Zensor stiller.

Wenn ich den Engeln dann eine Frage stelle, kommt früher oder später auch eine Antwort. Darauf kann ich mich verlassen. Manchmal überrascht sie mich, und ich weiß, ich kann sie mir beim besten Willen nicht ausgedacht haben. Dann kann ich absolut sicher sein, dass sie von den Engeln stammt. Oder aber die Antwort erscheint mir viel zu einfach, sodass mein Verstand Schwierigkeiten hat, sie anzunehmen. Auch dann weiß ich, dass es die Worte meiner Begleiter sind.

Wenn es Dir anfangs ungewohnt erscheint und es Dir schwerfällt zu glauben, dass Du tatsächlich in der Lage bist, Antworten der Engel zu empfangen, hat das Schreiben mit ihnen dennoch einen positiven Einfluss. Indem Du Dein Herz ausschüttest, mit ihnen Deine Wünsche und Sehnsüchte wie auch Deine Ängste und Sorgen teilst, informierst Du nicht nur Deine Begleiter, sondern auch Dich selbst. Du hältst inne, um etwas schriftlich auszudrücken, und machst Dir so bewusst, was nicht stimmig ist in Deinem Leben und was Du verändern möchtest. Es ist wie eine Bestandsaufnahme, die zu mehr Mitgefühl und Verständnis für Dich selbst führt. Gleichzeitig hast Du die Möglichkeit, um Hilfe und Unterstützung zu bitten, und kannst Deine angstvollen Emotionen dem Himmel übergeben. Die Engel können Dich beruhigen. Sie können Dich aus dem Stress in den Frieden, vom Verstand in das Herz, von der Angst in die Liebe bringen.

Das hilft Dir, empfänglicher für die Herzensimpulse Deiner himmlischen Freunde zu werden. Und sie wiederum können immer klarer mit Dir kommunizieren. Sie antworten Dir über Deine Begeisterung, Inspirationen, Ideen und liebevollen Gedanken. Wenn Du diese niederschreibst, verstärkst Du Deine Freude und Deine Hoffnungen und sendest sie gleichzeitig ins Universum aus. Dank der Kraft der Resonanz begegnest Du im Außen schließlich dem, was Du in Deinem Inneren trägst.

Lade also Deine Engel ein, und schreibe gemeinsam mit ihnen, ob auf dem Computer oder per Hand in ein Notizbuch. Lass Dir helfen, und lass sie wissen, was Dich glücklich macht. Du kannst auch inspirierende Bilder und Zitate sammeln, sie aufschreiben oder in ein Buch kleben und dann die Engel einladen, sich mit Dir darüber auszutauschen. Ihr größtes Anliegen ist, Dich zurück in Deine Freude, in Dein kreatives göttliches Potenzial zu bringen. Erzähle ihnen von Deinen Wünschen und Sehnsüchten, und vertraue darauf, dass Du geführt wirst.

Die Engel flüstern uns stets Antworten ins Ohr,
in einer Frequenz, die für unseren Verstand nicht unbedingt
zu hören, für unser Herz aber zu greifen ist.

Lausche Deinem Herzen, und lasse es über die schriftlichen Engelgespräche in Worte fließen. Das Universum schreibt mit.

Ich beende jedes Gespräch mit »Danke, danke, danke«. Alles hat einen Körper, einen Geist und eine Seele. In dem Moment, in dem wir etwas niederschreiben, bekommt es einen Körper, unsere Gedanken haben den Zeilen Geist eingehaucht, und die Seele ist der göttliche Funken, der in allem steckt. Wenn wir also etwas formulieren, dann verstärkt sich die Kraft, und es ist ein wunderbares Gefühl, es mit »Danke, danke, danke« zu beenden.

Praxis

Nun bist Du an der Reihe. Nimm Dir einen Moment Zeit, und führe Dein persönliches Engelgespräch. Auf der folgenden Seite ist Platz dafür. Schreib alles auf, was Dir in den Sinn kommt. Wenn Du Startschwierigkeiten hast, kannst Du beispielsweise so beginnen: »Liebe Engel, danke, dass wir nun zusammen schreiben. Ich freue mich sehr.« Wenn Dir nichts weiter einfällt, dann wiederhole einfach: »Ich freue mich, ich freue mich, ich freue mich …« Tu dies so lange, bis etwas anderes aus Dir fließt. Irgendwann – wahrscheinlich schneller als Du denkst – wird sich der Schreibfluss einstellen und Dich auf überraschende Wege führen. Sei einfach offen.

Nun genieße den Flow, und lass Dich in die Frequenz der Freude und des Friedens bringen.

Dein erstes Engelgespräch:

Engelnotizbuch

Ich empfehle Dir, ein Notizbuch zu besorgen, am besten eins, das Dir besonders gefällt und das Du mit Freude zur Hand nimmst. Darin kannst Du Deine Erfahrungen, Gedanken und Impulse festhalten, die Du während des Lesens dieses Buches und natürlich auch danach mit den himmlischen Begleitern machst.

Das Engelsnotizbuch ist ein großartiges Werkzeug, um Deine Verbindung zu stärken. Denn wenn Du über Deine Erfahrungen schreibst, festigt sich Dein Vertrauen, und Du kannst mit jedem Eintrag Deinen eventuell skeptischen Geist mehr zur Ruhe bringen. Außerdem kannst Du später in Deinen Erlebnissen schmökern – sie werden Dich zu gegebener Zeit daran erinnern, was die Engel in Deinem Leben schon alles möglich gemacht haben. Es tut immer gut, darin zu lesen, vor allem, wenn Du Zeiten durchlebst, in denen jegliches Vertrauen und Dein Glaube verschwunden zu sein scheinen.

Ich selbst habe schon immer meine Erlebnisse mit den Engeln aufgeschrieben. Und jetzt, während der Entstehung des Buches, habe ich alle Notizen wieder hervorgeholt, die ich seit Jahren nicht mehr in der Hand hatte. Als ich zu lesen begann, machte ich eine ganz besondere Erfahrung. Nicht nur, dass die Zeilen mich mit voller Kraft an die Präsenz der Engel erinnerten und mir einmal mehr bewusst gemacht haben, dass ich niemals alleine bin. Es überkamen mich zudem eine große Dankbarkeit und ein tiefes Mitgefühl mit mir selbst.

Was habe ich schon alles geschafft! Große Hürden gemeistert, Blockaden gelöst, Schnüre der Vergangenheit gekappt, Fehler von anderen und vor allem mir selbst vergeben ... Mir wurde schlagartig bewusst, wie sehr ich in den vergangenen Jahren wachsen durfte.

Wir neigen dazu, unsere eigenen Wachstumsschritte zu vergessen oder kleinzureden. Oft sehen wir nur, was gerade nicht da ist, statt zu erkennen, was schon alles entstanden ist und welche enormen Fortschritte wir gemacht haben. Zumindest geht es mir so, wenn ich in einem emotionalen oder mentalen Tief stecke. Dann sehe ich nur, was alle anderen geschafft haben, und vergesse komplett, welche enormen Hürden ich selbst schon gemeistert habe, wie viel Heilung ich erreichen durfte. Kommt Dir das irgendwie bekannt vor?

Meine Notizen zeigen mir, wie sehr ich geführt werde und wie viele Geschenke der Himmel mir im Laufe meines Lebens gemacht hat. Schwarz auf weiß kann ich nachlesen, in welchem Maß die lichtvolle Hilfe bereits in mein Leben involviert ist und dass sie auch jetzt, in diesem Moment, für mich da ist.

Es ist tatsächlich unser eigener Erfahrungsschatz, der uns in dunklen Zeiten wieder zum Strahlen bringen kann. Du wirst sehen, die Wirkung Deiner eigenen Notizen ist unter Umständen stärker als jedes fremde Buch.

Entdeckung der **Herzöffner**

Als ich anfing, dieses Buch zu schreiben, dachte ich, dass es darum gehen würde, von unseren lichtvollen Begleitern zu berichten und wie wir mit ihnen kommunizieren können. Bald merkte ich jedoch, dass es um noch viel mehr geht. Wenn Du Dein Herz den Engeln erst einmal geöffnet hast, werden sie zu einem festen Bestandteil Deines Lebens. Aber was heißt das – das Herz öffnen?

Und plötzlich begann ich über Herzöffner zu schreiben. Die Worte flossen in einer Geschwindigkeit aus mir heraus, dass es mich fast irritierte. Was mich jedoch wirklich irritierte, war die Tatsache, dass ich eigentlich dabei war, ein Engelbuch zu schreiben. Warum um Himmels willen schrieb ich jetzt über sogenannte Herzöffner?

Offensichtlich war es der Wille des Himmels, denn ich selbst hatte dieses Wort noch nie zuvor benutzt, zumindest nicht bewusst, und nun tippte ich ein Herzöffner-Kapitel nach dem anderen in den Computer. Immer wenn ich zu den ursprünglich geplanten Engelübungen zurückkehren wollte, geriet der Schreibfluss ins Stocken, und ich verlor jegliche Inspiration. Meine himmlischen Co-Autoren hatten offenbar andere Pläne. Und da dieses Buch von ihrer weisen, liebevollen Führung handeln sollte, blieb mir nichts anderes übrig, als ihr schließlich zu folgen, auch wenn mein Verstand anfangs erhebliche Schwierigkeiten damit hatte.

Aber es war offensichtlich, das Schreiben funktionierte nur, solange ich auf mein Herz hörte und dem folgte, was sich gut anfühlte. Und siehe da, nach einer Weile erschloss sich auch meinem Verstand der Sinn dessen, was ich schrieb, und vor allem, warum ich es schrieb.

Das Herz ist jener Ort, über den die Engel mit uns kommunizieren. Je offener unser Herz ist, desto klarer können wir ihre Zeichen, Ratschläge und ihre weise Führung wahrnehmen. Die Herzöffner trainieren und stärken unser Herz, sie sind das irdische Werkzeug, das uns dabei hilft, sich mit dem Himmel zu verbinden. Das Großartige ist, wir können es jederzeit nutzen, auch in schweren Zeiten – gerade dann – um offen und voller Vertrauen zu bleiben. Wenn die Kommunikation mal nicht richtig funktioniert, können wir direkt einen der Herzöffner anwenden, um unseren Empfang wieder zu stärken.

Wie eine Art Notfall-Set.

Gleichzeitig haben sie eine tiefe, langfristige Wirkung. Je öfter und regelmäßiger wir sie anwenden, desto stärker wird unser Draht nach oben. Mit anderen Worten, je mehr wir unser Herz öffnen, desto reiner wird unser Empfang für die Botschaften unserer lichtvollen Begleiter.

Zudem haben Herzöffner einen ganz entscheidenden Effekt: Sie sorgen dafür, dass wir uns der Frequenz der Engel annähern. Sie heben unsere Stimmung, und das wiederum beeinflusst unsere Schwingung. Wir alle senden und schwingen auf einer bestimmten Frequenz. Menschen, Tiere, Pflanzen oder Gegenstände bestehen aus unterschiedlich dicht schwingenden Energien. Engel hingegen sind reine Liebe und reines Licht, sie haben eine leichtere und schnellere Schwingung. Sobald wir uns leichter fühlen und auf einer positiveren, angstfreien und lichtvolleren Frequenz schwingen, nähern wir uns der für die meisten Menschen unsichtbaren Engelebene an. Wir können klarer mit ihnen kommunizieren und uns dadurch auch anders verhalten – engelsgleicher. Wir schwingen auf einer ähnlichen Wellenlänge, wir empfinden liebevoller, reagieren großzügig und sind mitfühlend, und genau darin unterstützen uns die Herzöffner.

Unser Herz kennt unseren Seelenplan. Darin ist alles enthalten, was wir brauchen, dort finden wir alle Antworten auf unsere Lebensfragen. Unser Herz weiß, was uns tiefe Freude bereitet, es kennt unser wahres Potenzial, mit dem wir uns und andere Menschen glücklich machen können. Es kennt unsere Aufgabe für dieses Leben, unseren persönlichen Plan, und je näher wir dem Plan kommen, desto glücklicher, gesünder und erfüllter sind wir. Deswegen lohnt es sich so sehr, das Herz zu trainieren und immer wieder zu nähren.

Und an genau dieser Stelle kommen die Engel wieder ins Spiel – als unsere Trainer und Sparrings-Partner! Anders als menschliche Trainer sind die himmlischen Herzenstrainer zu jeder Zeit und rund um die Uhr für uns da. Sie können alles! Kein Gewicht dieser Welt ist ihnen zu schwer oder zu leicht, kein Wunsch zu groß oder zu klein, und es gibt keine Verletzung, die sie nicht zu heilen vermögen. Sie warten nur darauf, uns zu helfen und uns zu unterstützen. Ein gezielter Gedanke reicht, und sie eilen herbei. Sie freuen sich über jede einzelne Hilfestellung, die sie uns geben können.

Es ist einfach, es ist kraftvoll, es macht größte Freude, und es erleichtert unser Leben auf allen Ebenen, kurz, es ist das schönste Geschenk, was wir uns selbst machen können: einen himmlischen Herzenstrainer zu engagieren. Oder sogar mehrere.

Die Engel öffneten mein Herz, und je mehr mein Herz sich öffnete, desto inniger wurde unsere Verbindung und desto erfüllter mein Leben. Ein wahrer Engelskreis.

Du bist umgeben von unzähligen himmlischen Helfern und Freunden, die nur darauf warten, Dir unter die Arme greifen zu dürfen.

Ein offenes Herz bedeutet, nicht nur zu wissen, sondern auch zu fühlen. Mein Ziel ist, nicht nur Dein Wissen zu vermehren, sondern vor allem Deine Gefühle zu stärken und Dich daran zu erinnern, was Du bereits in Dir hast.

Herzöffner 3: Lächeln

Ein offenes Herz bedeutet, in der Liebe zu sein, und die Engel lieben die Liebe.

Liebe ist eine Schwingung, mit der sie direkt in Resonanz gehen, denn sie selbst sind reine Liebe. Sind wir im Zustand der Liebe, wirken wir wie Magneten auf unsere himmlischen Freunde.

Nun ist Liebe ein großes Wort, dabei bedarf es nicht viel, um schon einen Funken der Liebe zu entzünden. Und darum geht's. Die Engel reagieren bereits auf den kleinsten Funken, den sie in unseren Herzen wahrnehmen.

Ein Lächeln, ein positiver Gedanke, ein warmes Gefühl. Wir sehen, lesen oder tun etwas, was uns Freude macht. All das kann bereits einen Moment der Liebe auslösen. Es braucht keine Anstrengung, keinen großen Aufwand oder gar den perfekten Partner an unserer Seite, um das zu schaffen. Denn hier geht es nicht um die romantische Liebe. Ich spreche von dem Zustand, in dem wir geboren werden. Von unserer wahrhaftigen Essenz. Von dem, was jeder Mensch ist, wenn er als Baby auf die Welt kommt: pure unschuldige Liebe.

Jeder von uns trägt diese Liebe in sich, ob wir sie fühlen oder nicht. Wir bestehen aus Liebe, daher kann sie uns auch nicht verloren gehen. Liebe ist unsere Essenz. Aus ihr kommen wir, und dorthin kehren wir zurück. Auch wenn wir in unserem Leben Erfahrungen gemacht haben, die nicht liebevoll waren, Erlebnisse hatten, die uns verletzt, in Angst versetzt oder Schmerzen verursacht haben – unsere Liebe kann nicht verschwinden. Wir glauben vielleicht, wir hätten sie verloren, wir können Phasen haben, in denen wir sie nicht fühlen, weil sich zu viele Schichten auf sie gelegt haben. Aber sie kann sich nicht auflösen, sie ist immer in uns, sie ist unsere Uressenz.

Und das bedeutet, wir können immer auf sie zurückgreifen. Wir können sie einfach und jederzeit anzapfen und eine Reaktion bekommen. Das Gute ist, je mehr wir sie anzapfen, desto stärker wird sie. Sie verhält sich wie die himmlische Welt: Machen wir einen Schritt auf sie zu, macht sie tausend Schritte auf uns zu.

Ist das nicht großartig?

Es lohnt sich also, einen Schritt zu machen, und sei er noch so klein.

Praxis: Heute schon gelächelt?

Lass es uns ausprobieren.

Lege das Buch für einen Moment beiseite und lehne Dich zurück. Und nun schenke Dir selbst ein Lächeln. Lächelst Du schon? Sehr gut.

Als Nächstes denke an einen Mitmenschen und lächle ihr oder ihm zu. Beobachte, wie freudig diese(r) auf Dich reagiert, und wie ihr Euch daraufhin friedlich und liebevoll begegnet. Wenn Du möchtest, tu dies noch mit weiteren Personen, und schenke ihnen Dein aufrichtiges, von Herzen kommendes Lächeln.

Und schließlich, zu guter Letzt, lächle aus tiefstem Herzen all jene Themen an, die Dich beschäftigen. Drücke so Dein Mitgefühl Dir selbst gegenüber aus.

Schließe nun die Augen, sieh Dich selbst weiter lächelnd, und atme fünf Mal ein und aus. Atme ein wenig tiefer als sonst. Ein ... aus ... ein ... aus. Während Du das tust, lenke Deine Aufmerksamkeit in Dein Herz, und stell Dir vor, wie Du durch Dein Herz atmest. Beobachte einfach, was geschieht.

Jetzt kannst Du die Augen wieder öffnen.

Hat sich etwas verändert? Fühlst Du Dich anders als vorher? Vielleicht bist Du ein wenig entspannter oder hast einen kleinen Wärmeschauer wahrgenommen? Spürst Du Dich ein wenig frischer oder friedlicher? Es sind schon kleine Nuancen, die Tiefes in uns bewirken können.

Es ist wissenschaftlich bewiesen, dass es mehr Energie kostet, die Stirn zu runzeln, als zu lächeln. Bestimmte Muskeln entspannen sich, und biochemische Prozesse werden ausgelöst, die positive Signale an unser Gehirn senden. Diese Signale sorgen dafür, dass sich unsere Stimmung hebt.

Ein lächelndes Gesicht war auch Vorbild für den Smiley, der erfunden wurde, weil eine große amerikanische Firma etwas brauchte, um das Betriebsklima zu verbessern. Das war 1963. Der Smiley hat sich bis heute gehalten und funktioniert mit großem Erfolg.

Es reicht also schon ein Lächeln, um etwas in uns zu bewirken, um einen Funken zu kreieren, auf den die Engel reagieren!

So kamen die **Engel**

In all den Büchern, die ich gelesen habe, und auch in vielen Erzählungen, die ich gehört habe, klingen allererste Engelbegegnungen oft sehr spektakulär. Aus dem Nichts erscheinen große Lichtwesen, die Menschen, welche sich meist in Notsituationen befinden, in strahlendes Licht hüllen, sie mit den verschiedensten Farben durchströmen und hinauf in die unendlichen Weiten des Universums tragen. Zurück von der himmlischen Reise, ist den Menschen alle Angst genommen, sie fühlen sich geliebt und sind erfüllt von tiefem Trost und Frieden. Ich gebe zu, das klingt großartig, und ich durfte inzwischen selbst erfahren, wie überwältigend diese Einblicke in die Ewigkeit sind.

Aber vielleicht sind es gerade solche hohen Erwartungen, die wir insgeheim hegen und die uns unbewusst davon abhalten, Kontakt mit unseren himmlischen Begleitern aufzunehmen?

Wenn ich an mein erstes Mal denke, dann kann ich nicht von überirdischen und spektakulären Erscheinungen berichten. Sie kamen ganz irdisch daher, und trotzdem war es für mich spektakulär. Ohne große Lichtvisionen und himmlische Ausflüge traten die Engel in mein Leben, sanft, aber stetig, und das Ergebnis ist absolut das Gleiche: tiefer Frieden und vollkommene Liebe.

Ich befand mich in einer Lebensphase, die ich »Landebahn« nannte. Die zweite Operation war noch nicht allzu lange her, und es ging nun darum, ganz langsam in einen entspannten, aber aktiven Arbeitsalltag zurückzukehren. Ich hatte eine Idee für ein Projekt, doch sie war alles andere als Landebahn geeignet. Ich war nämlich Feuer und Flamme für diese Idee, und damit war klar, dass sie mich emotional zu sehr aufreiben würde.

Also entschied ich mich dafür, den Rest des Studiums, das während der Galeriezeiten so gut wie brach lag, wieder aufzunehmen und zu beenden. Das würde ungefähr ein Jahr dauern, und dann würde ich, zurück in voller Kraft, meinem Herzensprojekt folgen und richtig Gas geben können. Mir gefiel die Idee, denn ich wusste schon damals, dass ich nicht zur Kunstbranche zurückkehren würde. Es spielte also keine Rolle, wie der Abschluss ausfallen würde, und irgendwie beruhigte mich der Gedanke. Das Studium zu Ende zu bringen war ein wunderbarer Weg, geistig aktiv zu bleiben, ganz ohne Ehrgeiz und Anspannung ab und an in Bibliotheken zu gehen und sich gleichzeitig weiter dem Heilungsweg zu widmen. Das war mein theoretischer Plan. Die Praxis sah dann doch etwas anders aus.

Ich stand kurz vor der mündlichen Abschlussprüfung, und um mich herum stapelten sich Bücher über Bücher. Kopien, Ausdrucke und Notizzettel verteilten sich auf Tischen und Böden. Es sah wild aus in meiner Wohnung, und ebenso sah es in mir aus. Dementsprechend war meine Verfassung. Ich begann die Themen mit in die Nacht zu nehmen und schlief immer weniger. Alt bekannte, heftige Schlafstörungen, von denen ich gehofft und geglaubt hatte, sie überwunden zu haben, kehrten zurück. Von meiner ursprünglichen Entspanntheit war kaum noch etwas übrig. Das widersprach nicht nur meinem Plan, sondern war auch aus gesundheitlichen Gründen völlig unverantwortlich. Ich konnte es mir einfach nicht leisten, nicht zu schlafen, und innerer Stress ist ungefähr das Letzte, was der Regenerierung von Zellen guttut. Gleichzeitig wusste ich, dass eine gewisse Normalität im Alltag, sprich eine Aufgabe zu haben, essenziell war für meine Genesung. Doch so konnte es nicht weitergehen, ich musste also dringend etwas ändern.

In dieser Zeit machten mein Mann Sebastian und ich einen kurzen Abstecher in eine Buchhandlung, und ich steuerte direkt die zweite Etage an, wo sich, wie gewohnt sehr versteckt, die spirituelle Ecke befand. Nach einer Weile hielt ich einen Stapel Bücher in der Hand, die mich interessierten und die ich allesamt mitnehmen wollte. Sebastian verdrehte die Augen, und ich sah ein, dass ich mich kurz zuvor erst eingedeckt hatte und wahrscheinlich für das komplette folgende Jahr bestens versorgt war. Ganz abgesehen davon hatte ich mit meiner Prüfung genug Lesematerial zu bewältigen.

Aber da gab es ein Buch, das sich irgendwie nicht von mir trennen wollte. Ich hatte es weggelegt, so wie die anderen Bücher auch, dann noch einmal hochgenommen, um es wieder wegzulegen. Das Spiel wiederholte sich noch ein paar Mal, bis ich entschloss, nun wirklich zu gehen, zumal Sebastian bereits draußen wartete. Als ich auf halbem Weg die Treppe hinuntergelaufen war, stoppte ich, drehte um, düste noch mal hoch, um es schließlich doch mitzunehmen.

Dieses Buch wollte ganz offensichtlich mit aller Kraft gekauft werden. Es handelte ja auch von Kräften, von den Heilkräften der Feen!

Sebastian guckte mich mit großen Augen an. Ein Buch mit dem Titel »Die Heilkraft der Feen«? Ich war selbst erstaunt. Ich hatte über Feen bisher nicht nachgedacht, noch konnte ich mich erinnern, als Kind je mit Feen zu tun gehabt oder gespielt zu haben. Abgesehen von einer intensiven Regina-Regenbogen-Phase, mit all ihren Sternwichten. Jedenfalls besaß ich jetzt mein erstes Feenbuch.

Als ich anfing, darin zu lesen, war ich wie elektrisiert. Einerseits eröffnete es mir vollkommen neue Ebenen, und ich hatte große Freude daran, Dinge zu erfahren, von denen ich bisher noch nichts gehört hatte. Gleichzeitig überkam mich mehr und mehr das Gefühl, dass dieses Buch in Vergessenheit geratenes Wissen in mir weckte. Als ich fertig war, wusste ich, die Erinnerungen wurden wieder wach.

Neben den Naturwesen wurden auch die Engel erwähnt, und ich

fand heraus, dass es sich bei der Autorin um Amerikas bekannteste Engelautorin handelte, Doreen Virtue. Ich kaufte mir ein weiteres Buch von ihr, dieses Mal eines über Engel. Warum auch nicht, nach den Feen kamen nun die Engel. Direkt im ersten Kapitel las ich, dass man die Engel um alles bitten könne. Keine Anfrage sei ihnen zu klein oder zu groß. Ob es sich nun um einen verschwundenen Autoschlüssel handelt oder um eine überlebenswichtige Operation, für die Du die allerbesten Ärzte brauchst – die Engel helfen uns in allen Belangen. Das Einzige, was wir tun müssen, ist, sie zu bitten.

Diese Information traf mich zum damaligen Zeitpunkt mitten ins Herz. Genau das war die Lösung für mein inneres Dilemma. Denn das, was mich an meiner Prüfungsstress-Situation am meisten beschäftigte, war der Gedanke, dass ich Gott, den Himmel, das Universum unmöglich um Hilfe bitten konnte. Heute weiß ich, dass wir wirklich um alles bitten dürfen. Die göttliche Liebe und die Fülle des Universums sind grenzenlos, das Einzige, was uns begrenzt, ist unser eigener Verstand. Alles ist möglich, wenn wir daran glauben und es zulassen können.

Damals empfand ich es als das größte Geschenk, überhaupt in der Lage zu sein, die Abschlussprüfung zu machen. Ich war voller Demut und zutiefst dankbar dafür. Mir war sehr wohl bewusst, dass Menschen nach solch einem Eingriff wie dem meinen nur äußerst selten frei von jeglichen Beschwerden sind und voller Energie wieder in den Alltag zurückkehren können. Ich tat dies nun zum zweiten Mal. Für mich stand außer Frage, dass ich definitiv Hilfe und Unterstützung auf allen Ebenen bekam. Ich hatte, so glaubte ich, einfach nicht das Recht, noch mehr göttliche Unterstützung einzufordern. Wie konnte ich dann darum bitten, Hilfe für die Uni zu bekommen? Ich konnte es nicht, es erschien mir einfach zu banal.

Aber plötzlich las ich von den Engeln, die einem bei allem, auch den kleinsten Dingen, unter die Arme greifen wollen. Ja, dass sie daran sogar größte Freude hätten. Wenn man sie denn bittet. Ich war fasziniert, worauf dann noch warten? Am selben Tag saß ich auf einem Kissen, zündete feierlich eine Kerze an und startete mein persönliches Engelexperiment.

»Hallo liebe Engel, hier ist Alexandra. Das ist unser erstes Gespräch, ich hoffe, Ihr hört mich? Ich möchte Euch gern um etwas bitten ...«

Ich erklärte den Engeln, dass ich mir nach dieser großen Operation eigentlich nicht den geringsten Stress mehr leisten könne, aber schon wieder mittendrin steckte und daher dringend ihre Hilfe benötige.

»Bitte findet einen Weg, mir die richtigen Bücher zum richtigen Moment zukommen zu lassen, und helft mir, mich zu fokussieren. Ich vertraue Euch und danke Euch, Ihr lieben Engel!«

Ich war zufrieden mit meiner ersten Engelzeremonie, es fühlte sich gut an, und ich beschloss, die Engel bis zur Prüfung nun jeden Tag einzuladen. Es dauerte nicht länger als fünf Minuten, und es war mir wichtig, dass ich es tat.

Als der Prüfungstag kam, konnte ich kaum glauben, was geschah. Nervös und ein letztes Mal die Engel einladend, betrat ich mit eigenem Bildmaterial, wie es damals üblich war, das Prüfungszimmer. Ich erwartete, von zwei Professoren in die Mangel genommen zu werden, und erlebte ein Szenario, wie man es perfekter nicht hätte inszenieren können. Die gesamte Prüfung lief ab, als hätte ich den Professoren vorab eine Liste mit von mir ausgewählten Fragen ausgehändigt, mit der Bedingung, mir genau jene Fragen in der angegebenen Reihenfolge zu stellen. »Sehr gut, Frau Strüven. Was wir gerne noch von Ihnen wissen würden, ist…«, worauf ich stets antwortete: »Genau das wäre mein nächster Aspekt gewesen …« Währenddessen holte ich das nächste meiner vorbereiteten Bilder hervor. Eine Steilvorlage folgte der nächsten. Es war unglaublich. Die unendlichen Weiten des wissenschaftlichen Feldes schienen exakt auf Alexandra Strüvens Lernfokus zugeschnitten worden zu sein. Mit einer glatten Eins wurde ich fassungslos und glücklich entlassen.

So etwas hatte ich noch nie erlebt. Natürlich war ich einigermaßen vorbereitet gewesen, und hin und wieder kam während meiner Studienzeit auch eine Eins Komma Drei oder Eins Komma Sieben vor. Aber wohlgemerkt noch nie eine Eins Komma null. Mit mir persönlich hatte das, was ich da gerade erfahren hatte, nichts zu tun gehabt. Das war nicht ich, das war eindeutig das Werk der Engel. Es hatte funktioniert, das Experiment war offensichtlich mehr als geglückt.

Überzeugt und erfüllt von diesem Erlebnis, nahm ich die Engel direkt mit in meine nächste und damit letzte Prüfung, die kurz darauf folgen sollte. Und trotzdem entwickelte sich die Vorbereitungszeit zu einem ähnlichen Stress und sollte diesen noch um einiges toppen. Mein Vertrauen in die Engel sollte sich erst Stück für Stück aufbauen, ich steckte noch zu sehr in meinen alten Perfektionismusstrukturen.

Meine Wohnung sah wilder aus denn je, und ich war zwischenzeitlich nicht nur in den Papieren, sondern auch in vollkommener Verzweiflung versunken. Zu allem Überfluss wurde ich auf den letzten Drücker krank, hatte Fieber und bekam Wadenwickel. Ich konnte mich nicht erinnern, wann ich das letzte Mal so eine schwere Grippe hatte.

Da ich stets alles auf die letzten Tage setzte und Profi war im Endspurt-Lernen, fehlten mir plötzlich entscheidende Vorbereitungszeiten. Mir war klar, dass ich die Prüfung absagen musste, denn Mut zur Lücke war eine Sache, aber mir fehlten ganze Themenblöcke. Andererseits wollte ich das Studium einfach nur zu Ende bringen, und die Prüfung zu verschieben hätte eine weitere Stressphase bedeutet. Dann aber hatte ich einen sogenannten »Whiskey-Tango-Foxtrott-Moment« – das ist militärischer Jargon für What the Fuck, den ich der New Yorker Bestseller-Autorin Kris Carr verdanke – und beschloss, trotzdem hinzugehen. Dann falle ich halt durch, aber wenigstens habe ich es versucht.

Ich bat die Engel um geballte Power, und uns allen war klar, dass ich hier ein kleines Wunder brauchte.

Als Tag X anstand, war ich entsprechend nervös. Ich erinnere mich genau, wie ich noch im Flur vor der Tür des Prüfungszimmers intensive Zwiesprache mit den Engeln hielt. Es war nicht umsonst, eine neue Inszenierung erwartete mich.

Ich wurde hineingebeten, und die zwei Professoren begrüßten mich freundlich. Einer von beiden rauchte gerade den letzten Zug seiner Zigarette und ließ es sich zu meiner Überraschung nicht nehmen, direkt die nächste anzustecken. Ich bin zwar Nichtraucher und wirklich kein Fan von kaltem Rauchgeruch in meiner Kleidung, aber dieses Mal liebte ich es. Jede einzelne Zigarette. Die ganze Situation glich eher einem gemütlichen Plausch als einer offiziellen Abschlussprüfung eines sechsjährigen Studiums. Allerdings gab es dieses Mal weniger Steilvorlagen. Ich redete mich um Kopf und Kragen und war stets darauf gefasst, gleich passen zu müssen. Doch meine fehlenden Themenblöcke wurden fast vollständig übersprungen, was eigentlich unmöglich war. Ich war fassungslos, und die ein, zwei Situationen, in denen ich tatsächlich passen musste, schienen von der plauschigen Gemütlichkeit ausgeglichen zu werden.

Völlig verraucht und verdattert verließ ich das Prüfungszimmer und konnte nicht glauben, was ich gerade erlebt hatte. Als schließlich meine Note verkündet wurde, war es endgültig um mich geschehen. Eine Eins Komma Sieben. Das war nicht nur absurd, das war ein echtes Wunder.

Mit diesem Erlebnis hatten sich die Engel endgültig als meine Team-Partner »qualifiziert«. Auch das zweite Engelexperiment war offensichtlich gelungen.

Allerdings war viel mehr geschehen als nur ein geglücktes Experiment und ein gelungener Uni-Abschluss. Das Leben hatte mir eine neue Ebene offenbart, die mich für immer verändern sollte.

Herzöffner 4: Mit Engeln in Prüfungen, Meetings und bei wichtigen Terminen

Ich hatte seitdem viele aufregende und ebenso schwierige Treffen oder Gespräche, aber nicht ein einziges mehr, ohne meine kraftvollen Begleiter dazuzubitten. Es ist ein Segen, die Engel an seiner Seite zu wissen und darauf zu vertrauen, dass sie alles zum höchsten Wohle arrangieren. In diesem Fall ging es um eine Uniprüfung, andere Male sollte es um große Entscheidungen auf meinem gesundheitlichen Weg gehen. Es gibt einfach nichts, was die Engel nicht können oder wollen, nichts ist ihnen zu klein oder zu groß, zu banal oder zu heikel. Der Himmel kennt diese menschlichen Definitionen nicht. Der Himmel ist reine Liebe, und die Engel sind ein Weg, uns diese Liebe direkt spüren zu lassen.

Wenn Du also ein aufregendes Meeting, eine Prüfung oder etwas vor Dir hast, das Dich herausfordert, dann kannst Du die Engel um Hilfe bitten.

Ziehe Dich zurück, und wenn es nur für wenige Minuten ist. Schließe die Augen, und lade alle himmlischen Begleiter ein, die bereit sind, Dir bei der konkreten Situation zur Seite zu stehen. Dann bitte sie, ihr Licht und ihre Liebe in diese Begegnung fließen zu lassen.

»Geliebte Engel, danke, dass Ihr mich in dieses aufregende Treffen (nenne hier die konkrete Situation, für die Du Hilfe brauchst) begleitet. Danke, dass Ihr Euer Licht durch mich hindurchfließen lasst und mir helft, die richtigen Worte zum richtigen Augenblick zu sagen. Schenkt uns einen erfolgreichen, inspirierenden Austausch. Ich danke Euch so sehr.«

Zusätzlich kannst Du Deine Begleiter darum bitten, den jeweiligen Ort vorher zu reinigen und von möglichen negativen Schwingungen zu befreien. Die Engel können dann einen reinigenden Lichtstrahl durch die Räume schicken, damit Du und alle Beteiligten sich wohl und sicher fühlen.

»Danke, liebe Engel, dass Ihr den Raum mit Eurem reinigenden Lichtstrahl der Liebe durchflutet. Danke, dass alle Beteiligten von Eurer Kraft berührt werden

und ich in Leichtigkeit und Freude zu einem wunderbaren, positiven Ergebnis geführt werde. Ich danke Euch von Herzen.«

Probiere es aus, und Du wirst sehen, wie sehr sich die Stimmung und Energie jeglicher Situation verändern kann. Wenn es leicht und freudig läuft, jegliche Erwartungen übertrifft oder einen überraschend großartigen Ausgang hat, dann ist genau das die Handschrift der Engel.

Die **magische Kraft** der Dankbarkeit

Willkommen bei meinem Lieblings-Herzöffner! Er ist einfach, er ist kraftvoll, und er hat eine magische Wirkung. Du kannst ihn überall und jederzeit anwenden und brauchst dafür nichts außer Deinen Geist. Wahrscheinlich ist Dir die Wirkung der Dankbarkeit bestens bekannt, und Du hast schon mehr als genug darüber gelesen? Und sehr wahrscheinlich denkst Du gerade: »Och nö ... das ist doch ein alter Hut«, und willst am liebsten weiterblättern? Ich kann Dir nur empfehlen, tu's nicht. Ich habe ganz bewusst beschlossen, diesem Herzöffner ein Kapitel zu widmen. Durch ihn konnte ich auf solch faszinierende Weise meine Heilung unterstützen, dass ich im wahrsten Sinne des Wortes davon berührt wurde.

Die Wirkung der Dankbarkeit beeindruckt mich immer wieder aufs Neue. Und ganz ehrlich, vergessen wir nicht auch viel zu oft, dankbar zu sein für das, was wir bereits haben?

Das Universum möchte uns immer unterstützen. Sobald wir die Segnungen in unserem Leben würdigen, öffnen wir die Tür für weitere Segnungen. Mit anderen Worten: Je mehr wir uns auf Dinge konzentrieren, für die wir dankbar sind, desto mehr ziehen wir in unser Leben, wofür wir dankbar sein können.

Dankbarkeit schafft mehr Dankbarkeit!

Und: Dankbarkeit ist ein Türöffner für unsere himmlischen Begleiter, sie wirkt wie ein Magnet auf die Engel. Sie versetzt uns in eine liebevolle Energie, auf die der Himmel nur liebevoll reagieren kann.

Sobald wir uns für etwas bedanken, bringen wir uns dadurch in die Gegenwart, ins Jetzt. Es ist wissenschaftlich bewiesen, dass aufrichtige Dankbarkeit Stress reduziert und unsere Gesundheit stärkt, sie hilft uns, emotionale wie auch mentale Kraft aufzubauen. Dieser Herzöffner kann auf die Schnelle wirken, wann immer wir es brauchen.

Studien haben belegt, dass wir unsere Energiereserven in wenigen Minuten wieder aufladen können, sobald wir unseren Fokus auf das richten, wofür wir dankbar sind. Innerhalb kürzester Zeit können wir uns von der Angst in die Liebe versetzen, von der Sorge in die Zuversicht, von negativen Gedanken in einen positiven Zustand, einfach indem wir sagen: »Ich bin dankbar für ...«

Egal wie aussichtslos eine Situation erscheinen mag, es gibt immer etwas, wofür wir dankbar sein können. Dabei sind oft auch die kleinsten Kleinigkeiten essenziell, Dinge, die wir als selbstverständlich nehmen, die unser Leben aber stark beeinflussen können, wenn sie nicht funktionieren.

Ein einfacher Weg, seine Dankbarkeit auszudrücken, ist, täglich eine Liste mit fünf Punkten aufzuschreiben.

Meine Liste startet heute beispielsweise so:

1. Ich bin dankbar dafür, dass ich so gut geschlafen habe (absolut keine Selbstverständlichkeit für mich).
2. Ich bin dankbar dafür, dass ich gleich gesund mit meinem geliebten Hund an der Spree spazieren gehen kann.
3. Ich bin dankbar dafür, dass die Sonne endlich wieder scheint.
4. ....
5. ....

Dankbarkeit stärkt nicht nur unser Herz, sondern auch unser Bewusstsein für das, was wir bereits haben – selbst dann, wenn vieles gerade nicht in Ordnung zu sein scheint. Sie schenkt uns Zufriedenheit.

Aber genug der Theorie, probiere es nun selbst einmal aus.

Nimm Dir einen Moment Zeit und überlege, wofür Du dankbar bist. Schreibe es direkt auf, damit es vom Kopf in das Herz kommen kann. Von der Theorie in die Herzenspraxis. Stell Dir dabei vor, wie die Engel sich über jeden einzelnen Punkt auf der Liste freuen und ihn mit Licht segnen.

Ich bin dankbar für:

1. ....

2. ....

3. ....

4. ....

5. ....

Dankbarkeit ist ein Muskel, der sich am leichtesten trainieren und aufbauen lässt und dabei am kraftvollsten wirkt. Gewöhnen wir uns daher tagtägliche Dankbarkeit an. Nach kürzester Zeit verändert sich nicht nur unser Herzrhythmus, sondern faszinierenderweise auch die biochemische Struktur unseres Gehirns, und bald können wir gar nicht mehr anders, als dankbar zu denken.

Daher schlage ich Dir nun gleich drei Herzöffner vor, die Du in Deinen Alltag integrieren kannst. Schau einfach, welcher Dich am meisten anspricht.

Herzöffner 5: Dankbarkeitsbuch auf dem Nachttisch

Dies ist ein Buch, das ich Dir sehr ans Herz lege. Es kann ein einfaches kleines Heftchen sein, oder Du benutzt dafür Dein bereits vorhandenes Engelnotizbuch. Ich persönlich verwende ein altes Vokabelheft, das ich noch im Schrank gefunden habe und überall mit hinnehmen kann. Darin notierst Du nach dem Aufwachen fünf Dinge, für die Du dankbar bist. Wenn es spontan mehr werden, umso besser.

Den Morgen mit Danksagungen zu beginnen ist sehr kraftvoll, denn es beeinflusst unsere Grundhaltung für den gesamten Tag. Die großartige Louise Hay schreibt: »So wie Du in den Morgen startest, wird Dein Tag, und so wie Deine Tage sind, so ist Dein Leben.«

Kurz vor dem Einschlafen ist ebenfalls ein guter Zeitpunkt. Das Dankbarkeitsbuch gehörte monatelang zu meinem festen Abendritual. Statt mit Sorgen oder Problemen ins Bett zu gehen, rief ich mir noch einmal all das ins Gedächtnis, was mir den Tag über Freude bereitet hatte. Es kann noch so klein sein, es geht allein darum, dass wir unsere Wahrnehmung schulen.

Sebastian stellte mir vor dem Einschlafen oft folgende Frage:

»Was hat Dir heute besonders gefallen?«

Ich bin mir nicht sicher, ob er sich der heilsamen Wirkung seiner Frage bewusst war. Auf jeden Fall führte sie dazu, dass ich mich, auch wenn ich schon im Halbschlaf war, noch einmal auf die schönen Dingen des Tages konzentrierte, um sie dann mit ihm zu teilen.

Mit dankbaren Gedanken ins Bett zu gehen lässt uns entspannter einschlafen und eine ruhigere Nacht verleben, wir können besser regenerieren und wachen am nächsten Morgen erholter, glücklicher und erfrischter auf.

Extra-Praxis für Eltern: »3 stars and a wish«

Eine Freundin erzählte mir neulich von dieser Übung, die sie jeden Abend mit ihrer kleinen Tochter macht, und ich war so begeistert, dass ich sie in dieses Buch mit aufnehmen möchte. Jeden Abend beim Gute-Nacht-Sagen fragt sie ihre Tochter nach drei Dingen, die sie heute besonders schön fand. Der Kleinen macht es großen Spaß, das aufzuzählen, und wenn sie fertig ist, fragt meine Freundin sie nach ihrem Wunsch für den nächsten Tag. Das letzte Mal war ihre Antwort: »Dass morgen wieder so ein schöner Tag wird.«

Herzöffner 6: Dankbarkeitsgang zur Erfüllung unserer Wünsche

Was ist ein Dankbarkeitsgang? Es ist ein Spaziergang, bei dem Du Deinen Fokus voller Dankbarkeit auf Deine Wünsche richtest, und zwar so, als wären sie bereits eingetreten. Während Du einfach um den Block läufst oder einen Spaziergang durch den Park machst, stellst Du Dir bildlich vor, wie dankbar Du dafür bist, dass Dein Wunsch sich erfüllt hat.

Sieh Dich selbst, nachdem Du Dein Ziel erreicht hast, sieh, wie sehr Du Dich über die positive Veränderung in Deinem Leben freust, wie erleichtert Du bist. Vielleicht ist es ein Ortswechsel, den Du Dir wünschst? Dann kannst Du Dich glücklich und zufrieden in einem neuen Zuhause sehen. Oder aber Du wünschst Dir einen neuen Job? Dann kannst Du Dir vorstellen, wie Du erfüllt und in freudiger Zusammenarbeit mit Deinen neuen Kollegen im Büro sitzt.

Ich mache auch sehr gerne Dankbarkeitsgänge, wenn mir etwas besonders Schönes widerfahren ist. Wenn zum Beispiel ein Casting geklappt hat, wenn ich eine erfreuliche Nachricht bekommen oder etwas Gutes geschafft habe. Dann schnappe ich mir unsere Hündin Koukla, gehe lächelnd oder auch jubelnd mit ihr an die Spree und bedanke mich voller Freude bei meinen himmlischen Begleitern und innerlich auch bei all jenen Menschen, die dieses positive Ereignis möglich gemacht haben.

Bei dem Dankbarkeitsgang, um den es jetzt geht, bedanken wir uns jedoch wie gesagt nicht nur für das, was bereits da ist, sondern auch für das, was wir noch in unser Leben holen möchten, zum Beispiel: »Ich bin dankbar dafür, dass ich einen erfolgreichen Termin mit meinem Chef habe.« Indem wir uns von Herzen für das bedanken, was wir erschaffen wollen, und es so formulieren, als wäre es bereits eingetreten, richten wir unser Bewusstsein aus, und das von uns gewünschte Ziel kann Realität werden.

Ich empfinde die Kraft der Gänge und die dabei aufkommenden Gefühle der Dankbarkeit als besonders stark. Es ist diese Kombination aus frischer Luft, Bewegung und positiven Gedanken, die das Dankbarkeitsgefühl noch einmal um ein Vielfaches potenziert. Besonders, wenn wir unsere Wünsche mit den Engeln teilen. Und da das Universum und unsere himmlischen Begleiter nicht nur auf unsere Worte, sondern vor allem auf die Gefühle hinter den Worten reagieren, macht es einen großen Unterschied.

Sie sehen unsere Herzen, und Dankbarkeit ist eine Qualität, die unsere Herzen weit öffnet. Kein Wunder also, dass die Engel es lieben, mit uns Dankbarkeitsgänge zu unternehmen, und größte Freude haben, uns währenddessen Zeichen ihrer Anwesenheit und Liebe zu schicken. Das wiederum bestärkt uns darin, mutig voranzuschreiten und unsere Herzensziele zu verfolgen. Auch wenn sich das gewünschte Ergebnis im Außen nicht sofort zeigt, so wandelt sich unser Inneres im selbem Moment. Wir fühlen uns leichter, glücklicher oder zufriedener und nehmen eine andere, liebevollere Perspektive ein. Diese wirkt sich auf die uns umgebende Realität aus und wird schließlich, früher oder später, auch im Außen sichtbar.

Meine Erfahrung ist, wenn die Dankbarkeit erst einmal ins Rollen gekommen ist, wird sie immer größer und größer und ist so schnell nicht mehr aufzuhalten. Es entsteht eine wahre Dankbarkeitslawine. Ein echter Selbstläufer.

Praxis

Unbedingt ausprobieren! Und wenn Du in der Mittagspause einmal um den Block läufst, mit Deinem Hund rausgehst, einfach einen kleinen Morgen- oder Abendspaziergang unternimmst, mach daraus einen Dankbarkeitsgang.

Nimm wahr, wie Du Dich fühlst, bevor Du losgehst, und beginne dann, während Du Dich in Bewegung setzt, alles aufzuzählen, wofür Du zur Zeit dankbar bist. Sei kreativ und mache Dir mindestens fünf bis zehn Aspekte Deines Lebens bewußt, für die Du Dich gesegnet fühlen kannst. Die Lawine ist jetzt losgetreten.

Nun fügst Du Deine Wünsche hinzu. Dabei ist es ratsam, sich auf eine übersichtliche Anzahl zu konzentrieren. Nicht weil das Universum begrenzt ist und nicht bereit wäre, auf all unsere Herzensziele zu reagieren, sondern weil es unseren Geist zerstreuen könnte. Je fokussierter wir unsere Aufmerksamkeit ausrichten und je klarer wir sind, desto direkter erhalten wir Antwort.

Der Dankbarkeitsgang wird seine Wirkung nicht verfehlen, und Du kehrst bestimmt um einiges glücklicher zurück ins Büro.

Herzöffner 7: Der Dankbarkeitstanz

Hierzu möchte ich Dir eine Geschichte erzählen, die erst kürzlich einen weiteren, sehr entscheidenden Wendepunkt in meinem Leben bedeutete und mich die volle Kraft des Dankbarkeitstanzes hat erfahren lassen.

Ich hatte meine jährliche Nachuntersuchung, und sie stand mir sehr bevor. Das tut sie verständlicherweise jedes Jahr. Die Ungewissheit bezüglich der Ergebnisse und die möglichen Konsequenzen, die diese haben können, stellen für mich und meine Lieben immer wieder aufs Neue eine große emotionale Herausforderung dar. Ich kann diesen Untersuchungen nur in purer Hingabe an die Liebe Gottes und meine himmlischen Begleiter begegnen. Jede einzelne Nachuntersuchung ist eine große Lektion des Loslassens, des Vertrauens an die mir innewohnende Heilkraft und darauf, dass ich auf dem richtigen Weg bin. Dieses Mal beschäftigte mich der Gedanke an eine mögliche Veränderung besonders, und ich hatte das Gefühl, mir stünde die am meisten herausfordernde Nachuntersuchung bevor, die ich jemals hatte.

Ich betete mehr denn je, meditierte viel und tat alles mir Mögliche, um mich in eine positive Stimmung zu versetzen. Nicht umsonst hatte ich unzählige Bücher gelesen, die allesamt wissenschaftlich belegen, welch maßgeblichen Einfluss unsere Gefühle und unsere Gedankenkraft haben. Sie alle bestätigen, wie unser Denken, Fühlen und Sprechen die Vorgänge im Gehirn prägen, wie ein achtsames und liebevolles Bewusstsein für neue Verknüpfungen sorgt und damit körperliche, emotionale wie auch mentale Blockaden heilen kann. Und schließlich, das lehrten und lehren die Engel mich immer wieder, ist Liebe die stärkste Kraft, sie kann alles durchdringen, alles überwinden, alles heilen. Und Liebe können wir nun einmal am intensivsten spüren, wenn wir offenen Herzens sind.

Und hier kommt der Dankbarkeitstanz ins Spiel. Er ist inspiriert von dem bekannten Biochemiker, Autor und Coach Dr. David Hamilton, der aufgrund seiner Forschungen einen »Siegestanz« empfiehlt, um Heilung oder andere Situationen im Leben zu manifestieren. Er wendet ihn selbst oft an und feiert mit seinem Siegestanz Erfolge, als wären sie bereits eingetreten. Meist dauert es dann nicht lang, und sie treten tatsächlich ein.

Ich habe daraus meinen persönlichen Dankbarkeitstanz entwickelt, und zwar zu »Happy«, einem Song von Pharell Williams, der zu jenem Zeitpunkt omnipräsent war und eine wahre Happiness-Massenbewegung auslöste. Ich kann gut verstehen, warum. Auf YouTube gibt es sogar ein Video, das vierundzwanzig Stunden am Stück unterschiedliche Menschen zeigt, die nach diesem Lied tanzen.

Ich glaube, auch ich habe in den Wochen vor (und nach!) der Untersuchung vierundzwanzig Stunden meinen Happy-Dankbarkeitsdance performed, wenn auch mit notwendigen Unterbrechungen. Irgendwann konnte ich gar nicht mehr anders, als zwischendurch einen Tanz hinzulegen. Ob nun in der Küche beim Kochen, im Bad beim Zähneputzen, draußen beim Spazierengehen oder vorm Computer mit dem Video, ein Mal pro Tag wurde getanzt – und gesungen! Jedes Mal stellte ich mir dabei vor, wie ich diese Grooves in der Praxis aufführte, nachdem ich die positiven Ergebnisse mitgeteilt bekam. Immer und immer wieder sah ich mich in dem Untersuchungszimmer tanzen.

Den Morgen vor der Untersuchung verbrachte ich in mich gekehrt und konzentriert. Latente Aufregung und ein mulmiges Gefühl machten sich in mir breit. Während des Frühstücks überkam mich plötzlich der Impuls, den Computer zu holen und anzuschalten – was ich während des Frühstücks sonst nie mache –, um mir ein letztes Mal ein Happy-

Video anzuschauen. Kaum startete der Song, sprang ich zu meiner eigenen Überraschung auf und begann wie immer zu tanzen und mitzusingen. Als Sebastian hereinkam und mich mit Müslischale in der Hand meine Moves machen sah, schaute er mich mit großen Augen an. Ich lachte, und er musste ebenfalls lächeln. Dann machte er mich darauf aufmerksam, dass wir bald los müssten. Ich nickte, beendete meinen Dankbarkeitstanz und versprach meinen Engeln innerlich, dass wir, wenn alles gut ging, diesen Tanz gleich fortführen würden, und zwar genau so, wie ich es mir immer vorgestellt hatte.

In der Arztpraxis ging alles sehr schnell. Einige Unterlagen ausfüllen, Gewicht, Größe und andere Details angeben, schließlich unterschreiben, und dann ging es schon ab in die Röhre. Nicht ohne Sebastian einen letzten Kuss gegeben zu haben. Meine zwei Glücksengel, die ich immer dabei habe, fest in der Hand, lag ich still da, und das laute Hämmern begann. Ich fühlte meinen aufgeregten Herzschlag. Dann versuchte ich mich an das Bild zu erinnern, das die Engel mir in den Tagen zuvor geschickt hatten, welches mich sehr berührt hatte. Sie hatten mir gezeigt, wie sie die gesamte MRT-Röhre mit ihrem Licht anfüllten und wie ein Engel darin auf mich wartete, um mich liebevoll in die Arme zu nehmen, sobald ich hineingeschoben wurde. Die Erinnerung daran half mir sehr, und ich wurde ruhiger. Schließlich gelang es mir, mich vollkommen auf die Liebe meiner Begleiter zu konzentrieren, und ein klares Bild erschien vor meinem inneren Auge. Wie ein kleines Kind lag ich im Schoß meines Schutzengels. Er hielt mich fest, tröstete mich, streichelte mir über den Kopf und gab mir die Kraft, im Vertrauen zu bleiben.

Irgendwann spürte ich eine Berührung an meinem Unterschenkel. Erst vermutete ich, dass mein Kleid verrutscht wäre, was eigentlich unmöglich war, da ich komplett still lag. Dann realisierte ich, dass die Berührung zu stark war, als dass es nur der Stoff hätte sein können. Das Gefühl der Berührung blieb bis zum Schluss. Erst nach einer halben Stunde, als die Untersuchung beendet war und ich hinausgeschoben wurde, verschwand es. In dem Moment dachte ich nicht weiter darüber nach, ich stand unter Adrenalin, meine Anspannung und Konzentration waren zu hoch.

Noch leicht benommen ging ich zurück zu Sebastian, und wir wurden ins Besprechungszimmer geführt. Dort warteten wir eine Weile auf den befreundeten und mir nahestehenden Arzt. Allerdings hielt ich es nicht lange auf dem Stuhl aus. Ich stand auf und begann ein wenig meinen Dankbarkeitstanz zu tanzen. Ich wippte hin und her und schwang die Hüften. Nicht so ausgelassen wie sonst, aber diese Bewegung tat in dem Moment bereits unendlich gut. Als unser Freund erschien, begrüßten wir uns, und ich setzte ich mich wieder. Er hängte die Bilder auf, um sie mit uns zu besprechen. Er kam direkt zur Sache: Die Ergebnisse waren rundum positiv! Jetzt war ich nicht mehr zu halten, ich sprang vom Stuhl auf, fiel ihm in die Arme und tanzte dann, zur Erheiterung aller, jubelnd den vollen Dankbarkeits-Dance – und zwar genau so, wie ich es in den Wochen zuvor immer und immer wieder getan hatte. Dieser aber war der schönste von allen.

Einen Tag später realisierte ich erst wirklich, welch ein fantastisches Ergebnis ich geschenkt bekommen hatte, und prompt fing mein Körper wieder an zu tanzen. Genau das hatte ich dem Himmel auch versprochen. Ich würde über Monate tanzen, jeden einzelnen Tag. Und ich tat es.

Aber da war noch etwas, was mir am Tag nach der Untersuchung bewusst wurde: die unsichtbare Berührung, die ich so deutlich hatte fühlen können. Das hatte ich in all den Jahren mit meinen himmlischen Begleitern noch nicht erlebt – obwohl ich schon viel Ungewöhnliches erfahren durfte. Und nun wusste ich, es war einer meiner geliebten Engel gewesen, der mich körperlich hatte spüren lassen, dass er bei mir war und über mich wachte. Er hatte mich beruhigt und mir zusätzliche Kraft und tiefes Vertrauen geschenkt.

Die herausfordernde Erfahrung der Nachuntersuchung hatte mir –

mal ganz abgesehen von dem wundervollen Ergebnis – gleich zwei große Geschenke gemacht: die unermessliche Kraft des Dankbarkeitstanzes und die deutlich spürbare Berührung eines Engels. Was für eine gesegnete Erfahrung!

Praxis

Es braucht natürlich keine großen Untersuchungen, um diesen Herzöffner in Deinen Tag einzubauen. Wie wäre es mit einem Projekt, an dem Du gerade dran bist und das Dir wichtig ist? Ein Ziel, das Du verfolgst? Oder eine Gehaltserhöhung?

Ich habe schon wieder den nächsten Grund, einen täglichen Tanz hinzulegen, und offensichtlich hat es geklappt. Du hältst es gerade in den Händen.

Also such Dir einen Song, der Dich richtig in Schwung bringt, und dann gib für drei Minuten alles. Mach die verrücktesten Moves, die schrägsten Geräusche. Zeig dem Himmel ein Mal am Tag, wie dankbar Du bist. Und zwar so richtig.

Die Engel lieben es, mit uns zu feiern. Sie umgeben Dich in diesem Moment der Freude, jubeln Dir zu und unterstützen Deine Dankbarkeit. Und sie tanzen mit Dir!

Mein Leben mit den **Engeln**

Als Halbgriechin freut es mich zu erwähnen, dass die offizielle Bezeichnung für Engel ihren Ursprung in der griechischen Sprache hat. Das Wort Engel stammt von »angelos« und bedeutet »Botschafter«, »Bote«, »Abgesandter«, »Kurier« oder auch »geflügelter Bote«. Die wichtigste Aufgabe der Engel besteht darin, uns zur Seite zu stehen und Botschaften zwischen den Menschen und der göttlichen Quelle zu vermitteln. Daher werden Engel in der Literatur am häufigsten als »Boten Gottes« definiert. Wobei ich alle, die sich mit dem Begriff Gott nicht wohlfühlen, direkt beruhigen kann: Engel sind überkonfessionell. Engel sind universell.

Ich persönlich empfinde kein Unbehagen, wenn ich von Gott höre, spreche oder lese, auch wenn mir bewusst ist, dass in seinem Namen schon viel Unheil geschehen ist und bis heute geschieht. Aber diese Geschehnisse entstammen dem menschlichen Geist und der menschlichen Hand und haben nichts mit der eigentlichen, alles umfassenden Liebe zu tun, die Gott ursprünglich ist. Als Kinder haben meine Schwester und ich immer ein kleines Gute-Nacht-Gebet gesprochen, wobei wir schon damals unsere eigene kreative Variante entwickelten. In diese schlossen wir unsere liebsten Menschen wie auch unsere Haustiere mit ein. Entsprechend variabel fiel unser Beten aus: Mal waren Maxi, unser geliebter Wellensittich, mal Diana, die wundervolle Fuchsstute meiner

Schwester, oder auch Rene, meine erste Grundschulliebe, wichtiger Bestandteil unseres Gebets, und wir waren glücklich darüber, dass unsere Gedanken und Wünsche hinauf zum Himmel getragen wurden.

Ansonsten gab es bei uns zu Hause weder außergewöhnliche religiöse Rituale noch strenge Vorschriften. Ich bin dankbar dafür, so frei und undogmatisch mit dem christlichen Glauben aufgewachsen zu sein. Meine Mutter ist griechisch-orthodox, und mein Vater ist als junger Mann aus der evangelischen Kirche ausgetreten, wobei ich kaum jemanden kenne, der so offenen Herzens, innig verbunden mit dem Göttlichen und in solch tiefem Urvertrauen auf eine höhere Weisheit durchs Leben geht. Sie beide ließen uns frei entscheiden, ob wir einer Glaubensrichtung folgen mochten und wenn ja, welcher. Es war unsere Wahl, ob wir getauft werden wollten, uns eine Kommunion, eine Konfirmation oder nichts von all dem wünschten. Das rechne ich meinen Eltern sehr hoch an, da ich so meinen kindlichen, natürlichen und unbefangenen Zugang zur ursprünglichen Quelle immer bewahren und intuitiv weiterentwickeln konnte.

Auch wenn ich mich letztlich für die Taufe und die Konfirmation entschied, habe ich eine ganz eigene Beziehung zum Göttlichen, einer liebenden, alles durchdringenden Kraft jenseits kirchlicher Doktrin. Diese Kraft kann ich reinen Herzens Gott nennen. Aber ebenso nenne ich sie universelle Energie, schöpferische Kraft, kosmische Intelligenz, Quelle, allumfassende Liebe oder Leben. Es gibt viele unterschiedliche Bezeichnungen für die eine höhere Energie, der wir entstammen, die uns alle durchströmt, miteinander verbindet, uns leitet und unterstützt. Daher werde ich immer wieder zwischen diesen Bezeichnungen variieren.

Und die wundervollen Engel, unsere himmlischen Freunde? Sie entstammen dem Herzen Gottes. Wer also könnte uns besser helfen, unsere Herzen zu berühren und zu öffnen!

Engel sind reine Liebe und von der Quelle geschickt worden, um uns zu führen, zu schützen und uns auf Erden zu helfen. Sie sind unsere direkte Verbindung zum Göttlichen, der Quelle, aus der wir alle kommen. Doch sind sie feinstoffliche, aus Licht erschaffene Wesen.

Die Engel waren bereits früher sehr präsent in meinem Leben, allerdings in einer Phase meiner Kindheit, die ich vollkommen vergessen hatte. Erst als die Engel in mein erwachsenes Leben eingekehrt waren und ich die neuen Entdeckungen und Erlebnisse mit meiner Familie teilte, erinnerten sie mich daran, dass ich schon als Kind leidenschaftlich alles gesammelt hatte, was auch nur ansatzweise mit Engeln zu tun gehabt hatte. Stofftiere, kleine Figuren, Bilder, Stifte, Aufkleber, Radiergummis, alles nur Vorstellbare, was ein Kinderherz erfreut. Das verblüffte mich nicht nur, da ich wirklich keinerlei Erinnerung mehr daran besaß, sondern rührte mich auch sehr. Offensichtlich hatte ich den Weg zurück zu den Wesen gefunden, die mich als Kind schon so fasziniert hatten. Alles schien jetzt noch mehr Sinn zu machen. Frage einmal nach, ob es Dir nicht ähnlich ergangen ist. Hattest Du als Kind eventuell auch Begleiter, unsichtbare Freunde oder ganz besondere Vorlieben? Die Antwort könnte Dich überraschen.

Kinder haben ein anderes Bewusstsein, da sie der Quelle noch sehr nah sind. Sie haben einen ganz anderen, natürlichen Zugang zu der himmlischen Welt. Ihre rechte Gehirnhälfte, die kreative, intuitive und übersinnliche Seite, ist hoch empfänglich. Sie ist zuständig für unsere Heilfähigkeiten, spirituelle Entwicklung und übersinnliche Wahrnehmung wie auch für das kreative und künstlerische Schaffen. Oft haben Kinder Spielgefährten, die für Erwachsene unsichtbar sind, und sie nehmen vieles wahr, was uns nicht mehr zugänglich ist. Diese Fähigkeiten reduzieren sich spätestens mit der Einschulung, wo logisches Denken, Faktenlernen – also die linke Gehirnhälfte – und später auch materieller Erfolg im Vordergrund stehen. Die Folge ist, dass die natürliche Intuition und Vorstellungskraft mehr und mehr verloren gehen.

Neulich war meine Schwester mit ihrer kleinen Tochter Carla zu Besuch, die etwas über ein Jahr alt ist. Als wir zu dritt beisammen saßen, schaute sie mit großen Augen direkt über mich und kicherte vor sich hin. Sie schien etwas zu beobachten und zeigte mit ihren kleinen Fingerchen immer wieder begeistert in die Höhe. Wenn wir Carla lachend ansprachen, schaute sie uns kurz an, um dann ihre freudige Aufmerksamkeit wieder auf eine Stelle über meinem Kopf zu richten. Das Ganze ging bestimmt über fünf Minuten. Erstaunt stellte meine Schwester fest, dass sie ihre kleine Tochter so noch nie beobachtet hatte, und meinte, dass sie wahrscheinlich meine Engel sehen würde. Leider konnte uns Carla noch nicht erzählen, was sich vor ihren Augen abspielte. Aber für mich war es ein berührendes Erlebnis, denn es ist immer etwas Besonderes, seine Begleiter zu erfahren. Auf welche Weise das auch geschieht.

Ich bin fest davon überzeugt, dass wir viel von Kindern lernen können. Sie sind in der Lage, Dinge wahrzunehmen und zu erinnern, die wir im Laufe des Heranwachsens vergessen und verlernen. Umso wichtiger ist es, dass wir ihnen den Raum geben und sie lassen, wenn sie uns von ihren Erlebnissen erzählen oder von etwas berichten, das sie sehen. Statt es abzutun, sollten wir ihnen zuhören und es fördern. Wenn Dir ein Kind von seinem Engel, einer Fee oder einem anderen Spielgefährten erzählt, dann zeig ruhig Interesse. Du könntest beispielsweise fragen: Wie sieht er denn aus? Was tut er gerade? Was erzählt er Dir Schönes?

Es hilft Kindern, an sich selbst zu glauben, wenn Eltern ihnen Glauben schenken und sie gleichberechtigt behandeln. Und wir Erwachsenen können nur dazulernen. Vielleicht erfahren wir ja sogar mehr über unsere eigenen Begleiter.

Denn jeder einzelne Mensch, gleich welchen Alters, hat himmlische Begleiter, die an seiner Seite wachen. Niemand auf diesem Planeten geht seinen Weg allein, auch wenn das vielen nicht bewusst sein mag.

Tatsächlich hat jeder von uns mindestens einen Schutzengel (manche gehen auch von zwei aus), einen Boten Gottes, der vom Tag der Geburt bis zum letzten Tag des Lebens über uns wacht. Er ist einfach da, liebevoll und treu begleitet er uns in jedem Moment und weicht nicht eine Sekunde von unserer Seite. Unabhängig davon, ob wir an unseren Schutzengel glauben oder nicht, ihn sehen, hören oder in einer anderen Form wahrnehmen können oder nicht. Unser Begleiter bleibt stets in unserer Nähe und verfolgt jeden unserer Schritte voller Mitgefühl. Dabei hegt er keine Erwartung an uns, bewertet nicht, was wir tun, sagen oder denken. Sein einziger Wunsch besteht darin, dass wir glücklich sind und Frieden finden.

Engel können nicht anders, als pure Liebe für uns zu empfinden, denn sie sehen nur das Licht, das wir sind, sie sehen den göttlichen Funken, den wir alle in uns tragen. Ihr größtes Anliegen besteht darin, uns zu helfen und ein erfülltes, freudiges und gesundes Leben zu ermöglichen. Wenn sie denn dürfen! Es liegt an uns, ihnen die Erlaubnis dafür zu geben. Sie können uns nur helfen, wenn wir sie darum bitten. Der Mensch hat den freien Willen, eines der größten göttlichen Geschenke, und kann somit selbst entscheiden, welchen Weg, welchen Glauben, welches Leben er verfolgen möchte. Die Engel sind nicht befugt, in unsere Entscheidungen einzugreifen, es sei denn, es handelt sich um eine lebensbedrohliche Situation, und unsere Zeit zu gehen ist noch nicht gekommen. Es gilt der freie Wille des Menschen.

Bitten wir unsere himmlischen Freunde aber aktiv, ist alles möglich. Wirklich *alles.*

Wir können sie mit nichts überfordern, noch verschwenden wir ihre Zeit, wenn wir sie um kleine Gefallen bitten. Unseren Begleitern ist bewusst, dass sämtliche Stressfaktoren in unserem Leben zu einer großen Belastung führen können. Daher bereitet es ihnen größte Freude, uns auch bei ganz alltäglichen Dingen zu helfen. Außerdem existieren die göttlichen Wesen grenzenlos, ihre Energien sind über Zeit und Raum erhaben, und sie können sich überall und gleichzeitig für uns einsetzen.

Du musst nichts alleine schaffen. Das finde ich wirklich wichtig zu betonen. Daher erwähne ich es immer mal wieder, wenn wir über Engel sprechen, daß kein Anliegen jemals zu klein oder zu unwichtig sein kann. Es ist unser Geburtsrecht, ein Leben in Frieden, Fülle, Glückseligkeit und Gesundheit zu führen. Das Universum ist unerschöpflich, es ist genug für alle da. Zögere also nicht, um Hilfe zu bitten. Drücke aus, was Du brauchst, und Deine himmlischen Freunde werden alles daran setzen, Deinen Wunsch zum höchsten Wohle zu erfüllen. Du würdest staunen, worum ich die Engel schon alles gebeten habe.

Es kann sich um Extremsituationen handeln wie eine lebenswichtige Operation, es kann aber auch, wie Du nun weißt, die Uniprüfung bedeuten. Und Du wirst sehen, es kann ebenso gut ein Casting, ein gelungenes Vorstellungsgespräch, eine angenehme Zugfahrt oder ein erfolgreiches Meeting sein. Vielleicht sehnst Du Dich nach einer romantischen Liebe oder benötigst finanzielle Unterstützung? Oder brauchst Du Inspiration für das Schreiben eines Buches? Das ist nämlich mein momentaner Hauptwunsch.

Unsere Begleiter freuen sich über jede einzelne an sie gerichtete Bitte, und das Schöne ist: Es ist so einfach, sie zu bitten!

Jeder kann es, und jeder darf es. Es ist nicht einigen wenigen auserwählten Menschen vorbehalten, mit Engeln zu kommunizieren. Jeder kann sich mit ihnen verbinden, und zwar direkt – ohne Zertifikat, ohne Ausbildung, ohne längjährige Erfahrungen mit Meditation, Yoga oder einer anderen spirituellen Praxis. Weder braucht es einen Heilberuf, eine spezielle Glaubensrichtung noch eine besonders heilige Lebensweise. Jeder Mensch, wirklich jeder, kann und darf sich mit seinen Begleitern verbinden.

Auch das möchte ich unbedingt betonen, denn immer wieder kommt es vor, dass Menschen mir entgegnen: »Das klingt wunderschön, aber ich bin noch nicht so weit. Ich kann das noch nicht.« Oder: »Ich glaube nicht, dass die Engel mich hören können.«

Oh doch!!! Das können sie! Die Engel hören Dir schon die ganze Zeit zu.

Es spielt keine Rolle, wie wir sie bitten, wichtig ist nur, dass wir es tun. Es gibt kein Richtig und kein Falsch, wenn es darum geht, sich mit den Engeln zu verbinden. Es gibt nicht den einen Weg, die offizielle Methode oder das eine Gebet, welches die Engel auf uns aufmerksam macht. Ich spreche mit ihnen meist so wie mit einem vertrauten Menschen. Ich empfinde die Engel als meine engsten Freunde, schließlich kennen sie mich und mein Innerstes wie kein anderer. Entsprechend ehrlich, liebevoll, fröhlich, vertraut und respektvoll ist unser Umgang.

Du kannst auch eine Kerze anzünden, wie ich es damals getan habe und bis heute immer wieder gerne tue. Du kannst ein Gebet sprechen, mit den Engeln singen (das mache ich oft im Auto oder unter der Dusche), Dich unterhalten, sie rufen, mit ihnen schreiben, Dich in

Gedanken mit ihnen verbinden, Engel visualisieren oder sie malen und dabei Deine Bitte formulieren. Nach all den Jahren meiner persönlichen Erfahrung bin ich zu der festen Überzeugung gekommen: Wie auch immer wir unsere himmlischen Begleiter rufen, die Engel reagieren auf alles, was von Herzen kommt.

Herzöffner 8: Wo befindet sich mein Schutzengel?

Während Du diese Zeilen liest, befindet sich ein beschützendes, liebevolles Wesen bei Dir, und zwar direkt an Deiner Seite. Es ist Dein Schutzengel, der Dich bedingungslos liebt und Dich bewundert. Du kannst ihn spüren, wenn Du das Buch gleich beiseitelegst und für einen Moment zu Ruhe kommst. Egal, wo Du bist. Dafür brauchst Du nicht zu Hause vor einem Altar zu sitzen und feierlich eine Kerze anzuzünden, es sei denn, es tut Dir gut, dann ist es ein wunderschönes Ritual. Aber vielleicht fährst Du auch gerade U-Bahn, dicht an dicht mit vielen Menschen, oder Du sitzt im Park auf einer Bank und hörst die Vögel zwitschern. Es spielt wirklich keine Rolle, wo Du Dich befindest, lass Dich einfach auf diesen kurzen Moment ein.

Lehne Dich zurück, schließe die Augen und lass die Schultern sinken. Löse wieder die Zunge vom Gaumen, damit sich Deine Kiefermuskulatur entspannt. Nun atme bewusst drei tiefe Atemzüge ein und aus, damit auch Dein Geist sich beruhigen kann. Spüre, wie die Luft beim Atmen durch Deine Nase wandert und Deinen gesamten Körper füllt. Deine Bauchdecke hebt sich beim Ein- und senkt sich beim Ausatmen. Wenn Du möchtest, lege eine oder beide Hände auf den Bauch, um den Vorgang bewusster zu fühlen.

Und jetzt formuliere in Gedanken folgende Frage, oder sprich sie auch gerne laut aus:

»Mein lieber Schutzengel, ich glaube an Dich.
Wo befindest Du Dich gerade?
Danke, dass Du mir ein Zeichen gibst. Amen.«

Atme ruhig und tief weiter. Sei aufmerksam und spüre, ob Du etwas wahrnehmen kannst. Vielleicht hast Du das Gefühl, er stünde direkt vor Dir? Oder befindet er sich hinter Dir und legt seine schützenden Flügel auf Deine Schultern? Weißt Du es einfach? Bekommst Du eine klare Antwort in Deinen Gedanken? Hörst Du eine Stimme oder ein Kichern? Spürst Du einen Gänsehautschauer, oder überkommt Dich einfach ein wohliges, beruhigendes Gefühl?

Dann hast Du die Antwort schon bekommen. Es ist wirklich so

einfach. Die Engel sind nicht kompliziert. Sie sind liebevoll und leicht, und entsprechend leicht ist es, mit ihnen in Kontakt zu sein.

Gänsehaut ist übrigens eine körperliche Reaktion, die der Verstand nicht steuern kann, und damit ein klares Zeichen dafür, dass wir in unserem Innersten, unserer wahren Essenz berührt worden sind. Auf unsere Gänsehaut können wir uns absolut verlassen, sie ist ein klarer Wegweiser der Wahrheit.

Ich bitte Dich, vertrau Deiner Intuition und Deiner Wahrnehmung. Und wenn Du gerade nichts wahrgenommen hast, ist es auch nicht schlimm. Du kannst es später wieder probieren oder morgen. Die Tür ist geöffnet, und Dein Engel – vielleicht sind es auch mehrere – weiß, dass Du Kontakt zu ihm aufnehmen möchtest. Mit dieser einfachen Übung hast Du es bereits gezeigt.

Wir haben als Mensch nun einmal den freien Willen. Wir sind frei zu denken, zu tun und zu fühlen, was wir wollen, und es ist unseren himmlischen Begleitern nicht möglich, in diese Entscheidungen einzugreifen. Wenn wir uns aber dafür entscheiden und unser Herz für die Möglichkeit öffnen, dass uns eine liebende, lichtvolle Energie umgibt, kann sich unser Leben vollkommen verändern.

Bereits ein kleiner Versuch ist schon eine Aktion, auf die das Universum reagiert. Die Quantenphysik liefert uns täglich neue Beweise. Es ist ein universelles Gesetz, das immer wirkt: Jede Aktion bewirkt eine Reaktion. Und meine Erfahrung ist, dass eine kleine Aktion Richtung Engel bereits eine große Reaktion bewirkt.

Wenn wir einen Schritt auf unsere himmlischen Freunde zugehen, gehen sie tausend Schritte auf uns zu!

Himmlische Botschaften

Es stellt sich nicht die Frage, ob wir himmlische Botschaften bekommen, sondern ob wir in der Lage sind, sie zu empfangen.

Dafür ist es interessant herauszufinden, über welchen Kanal wir besonders offen sind. Es gibt folgende spirituelle Kanäle, über die der Himmel mit uns kommuniziert: »Hellsehen«, »Hellfühlen«, »Hellwissen«, »Hellhören« und »Hellriechen«. Auch wenn diese Begriffe für die meisten, mich damals inklusive, erst einmal einschüchternd wirken, handelt es sich dabei um keine außergewöhnlichen Gaben. Im Gegenteil, es sind Potenziale, die in jedem von uns schlummern und die wir im Zweifelsfall bereits nutzen. Sie warten nur darauf, als solche wahrgenommen zu werden.

Vielleicht ist Dir bewusst, dass Du besonders visuell veranlagt bist? Oder Du hast häufig Vorahnungen, die sich dann bestätigen? Aufgrund

Deiner individuellen Veranlagung, die materielle Welt wahrzunehmen, lässt sich schließen, wie Du himmlische Botschaften empfangen und besser erkennen kannst. Mit anderen Worten, die Kommunikationskanäle, die Du im alltäglichen Leben besonders nutzt, sind jene, die auch Deine Engel sehr wahrscheinlich nutzen, um Dich zu erreichen. Ich fand es großartig, mir bewusst darüber zu werden, ob ich ein hellhörender, hellwissender, hellsehender, hellfühlender oder hellriechender Typ bin und was dies für die Kommunikation bedeutet. Dieses Wissen kann uns den Einstieg mit der Engelkommunikation enorm erleichtern.

Falls Du wissen möchtest, welches Dein vorrangiges »helles Talent« ist und über welchen Kommunikationskanal Du die Engel besonders gut empfangen kannst, schlage ich Dir vor, den folgenden von Doreen Virtue inspirierten Test zu machen. Bitte kreuze dabei nur eine Antwort pro Frage an.

1. Wenn Du eine neue Bekanntschaft machst, was fällt Dir normalerweise als Erstes auf?

a) Wie Du Dich in der Gegenwart der neuen Bekanntschaft fühlst, zum Beispiel besonders gut, amüsiert, sicher, verstanden

b) Das Äußere, zum Beispiel die Augen, der coole Style oder eine tolle Frisur

c) Du findest den Menschen interessant oder glaubst, Du könntest mit ihm/ihr gute Gespräche führen oder hilfreiche Informationen bekommen
d) Die angenehme Stimme oder das ansteckende Lachen der Person
e) Das außergewöhnliche Parfüm, der Zigarettenrauch oder ein anderer Geruch

2. Wenn Du an Deine letzte Reise denkst, woran erinnerst Du Dich am meisten?

a) An den warmen Sand unter Deinen Füßen, die erfrischende Abkühlung im Meer, das Gefühl ganz oben auf dem erklommenen Berggipfel oder an die Menschen in Deiner Umgebung
b) An den fantastischen Sonnenuntergang, das glitzernde Meer, das beeindruckende Bergpanorama oder die bezaubernde Architektur der Altstadt
c) An die interessanten und neuen Einblicke in eine andere Kultur oder auch die spannenden historischen Informationen
d) An das Rauschen der Wellen, die herrliche Ruhe, das Singen der Vögel oder die Musik, die Dich auf der Reise begleitet hat
e) An die Gerüche, wie zum Beispiel der intensive Duft von blühendem Jasmin, frisch zubereitetem Essen oder von Sonne auf Deiner Haut

3. Wenn Du an Deine letzte Einladung zu einem Essen denkst, was kommt Dir als Erstes in den Sinn?

a) Die Atmosphäre während des Essens oder wie Du Dich gefühlt hast, zum Beispiel amüsiert, positiv, sicher
b) Deine Begeisterung darüber, wie kreativ und ästhetisch die Speisen serviert wurden oder wie sehr Dir die Tischdekoration gefallen hat
c) Die anregenden Gespräche oder auch spannenden Diskussionen, die Dich inspiriert und Deinen Horizont erweitert haben
d) Die besondere Musik, die im Hintergrund lief, oder die ausdrucksvolle Stimme Deines Gegenübers
e) Der köstliche Geruch des Essens oder auch das besondere Parfüm eines Anwesenden

4. Welchen Film hast Du zuletzt gesehen, der Dir Freude gemacht hat? Denke an diesen Film. Was hat Dich am meisten beeindruckt?

a) Wie sehr die Geschichte Dich berührt hat und wie gut, inspiriert oder auch traurig Du Dich danach gefühlt hast
b) Die attraktiven Schauspielerinnen und Schauspieler, die tollen Kostüme oder das großartige Szenenbild
c) Die spannende Handlung oder eine besondere Botschaft, durch die der Film Dir etwas Neues offenbart hat

d) Die grandiose Filmmusik oder die besonders eindringlichen Stimmen der Schauspieler
e) Der Geruch von Popcorn im Kino

Und hier ist die Bedeutung:

A.

Wenn Deine überwiegende Antwort A ist, bist Du ein hellfühlender Typ. Du bist extrem sensitiv und fühlst Dinge, die andere gar nicht bemerken. Du bist ein sehr mitfühlender Mensch und spürst ebenso die Traurigkeit und den Schmerz Deiner Umgebung. Das geschieht bisweilen auch, ohne dass es Dir bewusst ist, dann verwechselst Du die Gefühle anderer mit Deinen eigenen. Dies kann dazu führen, dass Du zu viel isst oder andere destruktive Gewohnheiten entwickelst, um die überwältigenden Gefühle zu kompensieren. Vielleicht hast Du Schwierigkeiten mit lauten, vielbefahrenen Straßen, großen Veranstaltungen oder generell Orten, an denen viele Menschen zusammenkommen.

Du möchtest, dass alle Menschen glücklich sind, und hast den tiefen Wunsch, einen Heilberuf auszuüben oder eine Tätigkeit, mit der Du wirklich helfen und etwas bewirken kannst. Oder aber Du pflegst private Beziehungen zu Personen, denen Du Deine Hilfe geben kannst. Die

Engel kommunizieren mit Dir über Dein Herz und Deinen Körper, und so ist Freude für Dich ein klarer Hinweis darauf, dass Du Dich auf dem richtigen Weg befindest. Wenn Du ängstliche oder sorgenvolle Gefühle hast, weißt Du, dass es wahrscheinlich an der Zeit ist, einen Richtungswechsel vorzunehmen, sei es in beruflichen, privaten oder gesundheitlichen Belangen. Und wenn Du dauerhaft erschöpft bist, zeigen die Engel Dir auf diese Weise, dass Du Dir mehr Raum für Dich selbst nehmen, abschalten und wieder Spaß am Leben haben solltest. Du spürst sofort, ob Du einer Person vertrauen kannst oder nicht, Du kannst Dich zu hundert Prozent auf Dein Bauchgefühl verlassen.

Wenn Du mit der himmlischen Welt in Kontakt bist, kannst Du sie körperlich wahrnehmen. Die Temperatur im Raum verändert sich, Dich überkommen Gänsehautschauer oder Tränen der Rührung, oder aber Du fühlst ihre Berührung direkt auf Deinem Körper. Vertrau Deinen Empfindungen, und glaube nicht, Du machst Dir etwas vor. Es sind nicht bloße Gefühle, es sind Botschaften des Himmels.

B.

Wenn Du hauptsächlich mit B geantwortet hast, dann hast Du eine hellseherische Veranlagung. Du bist besonders visuell. Dir fällt als Erstes das Äußere auf, noch bevor Du etwas anderes wahrnimmst. Du bist wahrscheinlich künstlerisch tätig, oder aber Du lebst Deine kreative Ader privat aus, indem Du Deinem feinen Gespür für Mode oder Inneneinrichtung für Dich selbst und Deine Freunde nachgehst. Du legst größten Wert auf visuelle Harmonie und genießt alles, was das Auge erfreut.

Engel zeigen sich Dir sehr wahrscheinlich in Form von Lichtfunken, kleinen Blitzen, farbigen Strahlen oder Lichtwolken. Vielleicht siehst Du die Farben in der Aura von Menschen. Zudem hast Du Visionen. Vor Deinem inneren Auge laufen ganze Filme ab, und Du siehst unter Umständen genau, was zu tun ist und vor allem, wie Du es tun möchtest. Vertrau Deinen inneren Bildern, durch sie sprechen Deine himmlischen Begleiter zu Dir. Oder aber die Engel schicken Dir klar sichtbare Zeichen im Außen. Du wirst im nächsten Kapitel noch mehr über diese Art der Engelkommunikation erfahren. Generell können himmlische Zeichen alles umfassen, was Dir bedeutsam erscheint, und alle erdenklichen Formen haben.

C.

Wenn C Deine überwiegende Antwort ist, dann bist Du ein hellwissender Typ. Du bist intellektuell und erhältst direkte Botschaften über Erkenntnisse oder Ideen. Es kommt vor, dass Du Fakten kennst, ohne Dich je zuvor mit dem Thema auseinandergesetzt zu haben. Es ist fast so, als ob Du einen göttlichen Download bekommen hättest. Oder Du empfängst übersinnliche Informationen über eine Dir komplett unbekannte Person. Du weißt einfach, ohne zu wissen, woher Du weißt. Ebenso hast Du ein feines Gespür für Situationen und weißt intuitiv, wie man eine brenzlige Lage ausgleichen oder retten kann.

Die Engel sprechen mit Dir über Deine Gedanken. Sie schicken Dir spontane Impulse oder plötzliche Erkenntnisse, die Du in diesem Moment als glasklar und greifbar empfindest. Ob es sich nun um eine Businessidee, eine Erfindung oder einen anderen Geistesblitz handelt, nimm die Impulse ernst und ignoriere sie nicht. Hellwissende glauben oft, dass es sich dabei um allgemeine Informationen handelt, vielmehr aber sind solche Aha-Momente Geschenke des Himmels. Es sind Inspirationen – Augenblicke, in denen wir »in spirit« sind, verbunden mit dem höheren Geist, und Botschaften unserer himmlischen Begleiter empfangen.

D.

Wenn Du überwiegend mit D geantwortet hast, hast Du hellhörende Fähigkeiten. Du reagierst empfindsam auf Geräusche oder Töne jeglicher Art. Wenn Du Dich beispielsweise in einem voll besetzten Restaurant befindest, macht Dir der Lautstärkepegel mehr zu schaffen als anderen.

Auch auf dissonante Töne oder Geräusche, die sonst keiner bemerkt, reagierst Du sofort. Laute Konzerte sind nur selten eine Freude für Dich. Hab auf Reisen immer Ohrstöpsel oder schützende Kopfhörer dabei, da Deine Empfindlichkeit für Geräusche es Dir schwer macht, in Zügen, Flugzeugen oder auch Hotelzimmern zur Ruhe zu kommen. Anstelle eines laut piependen oder tönenden Weckers lass Dich lieber von leiser Musik aus dem Schlaf holen.

Als hellhörender Mensch nimmst Du Deine Engel durch Worte wahr, die Du entweder als innere Stimme oder von außen hörst. Du kannst innere Dialoge mit Deinen himmlischen Begleitern führen. Tu diese Erfahrung nicht als bloße Fantasie ab, selbst wenn die Stimme, die da antwortet, wie Deine eigene klingt. Solange sie liebevoll, aufmunternd und inspirierend ist, sind es die Engel, die so zu Dir sprechen. Vertrau ihr, auch dann, wenn sie Dich auffordert, etwas zu tun, von dem Du glaubst, Du wärst dazu nicht in der Lage. Die Engel trauen Dir stets mehr zu als Du Dir selbst. Sie sehen Dein wahres Potenzial und sprechen Dir immer wieder den nötigen Mut zu. Mit einer Engelsgeduld erinnern sie Dich wieder und wieder an Dein ursprüngliches Licht. Vielleicht hörst Du sie beim Aufwachen am Morgen oder am Abend vor dem Einschlafen. Je nachdem, wie bereit Du bist, kannst Du sie den ganzen Tag hören.

Es ist wie gesagt auch möglich, dass Du eine Stimme von außen hörst. Gerade in Notfällen geschieht dies häufig. Die Engel wollen uns warnen, und bei ernsthafter Gefahr hört jeder seine Engel, denn sie wollen, dass wir sicher sind.

E.

Wenn Du hauptsächlich mit E geantwortet hast, dann bist Du interessanterweise ein hellriechender Typ. Dieser eher seltene Kanal offenbart sich, wenn Du eine besonders empfindsame Reaktion auf Gerüche zeigst.

Es kann sein, dass Deine Nase so sensibilisiert ist, dass Du sogar mit körperlichen Beschwerden auf Gerüche reagierst. Du bekommst Kopfschmerzen, oder Dir wird übel bei bestimmten Inhaltsstoffen eines Parfüms. Das liegt womöglich daran, dass Du die tierischen Substanzen wahrnimmst, die dieses Parfüm beinhaltet. Du riechst sie nicht einfach nur, sondern Du empfindest sie als üblen Gestank oder Verwesung. Um Dich davor zu schützen, kannst Du stets ein Tuch oder einen Schal bei Dir haben und dadurch atmen.

Vergiss nicht, es ist ein Segen, dass Du Schwingungen riechen kannst, denn die Engel nutzen Deinen Geruchssinn, um Dir Botschaften zu schicken und mit Dir zu kommunizieren. Wenn Du zum Beispiel traurig oder verzweifelt bist, kommt es vor, dass Du plötzlich den Duft einer Person wahrnehmen kannst, die Dir in diesem Moment Mut schenken möchte. Oder Du vermisst einen geliebten Menschen sehr stark und kannst ihn auf einmal riechen. Dieser Geruch schenkt Dir augenblicklich Trost und Geborgenheit und gibt Dir die Gewissheit, dass Du nicht allein bist. Er ist ein Zeichen dafür, dass jener Mensch Dich wissen lassen möchte, wenn er bei Dir ist und an Dich denkt. Vertrau dieser Erfahrung, sie ist weder Einbildung noch Wunschdenken, sie eine ganz reale Botschaft des Himmels.

Bei mir hatte der Test klar ergeben, dass ich »hellfühlend« bin, mit einem Schuss »hellsehend«. Ich fand diese Erkenntnis ungemein hilfreich, denn sie gab mir eine Orientierung auf dem Weg mit meinen neuen Freunden. So konnte ich mich erst einmal auf jene Kanäle konzentrieren, die für mich selbst am natürlichsten waren, und mich Schritt für Schritt den Engeln nähern.

An dieser Stelle ist mir eines ganz wichtig: Kein Kanal oder »helles Talent« ist besser oder effektiver als das andere! Bitte erinnere Dich immer wieder daran. Viele Menschen sind gerade am Anfang besonders darauf aus, die Engel sehen zu können. Mich eingeschlossen. Ich habe viel Zeit damit verbracht, meine Engel im Außen zu suchen, so gerne wollte ich meine wiederentdeckten Begleiter real sehen. Doch vor lauter Suchen habe ich gar nicht mitbekommen, dass sie die ganze Zeit über mit mir in engstem Kontakt waren. Aber eben anders, als ich es erwartete.

Aus Erfahrung kann ich Dir sagen, dass die Engel ebenso kraftvoll und präsent sind, selbst wenn wir sie nicht mit den physischen Augen sehen können. Zudem ist meine Erfahrung, dass die meisten Menschen himmlische Botschaften vorrangig über ihre Gefühle wahrnehmen. Es ist also rund um den Globus gang und gäbe, ein »hellfühlender« Typ zu sein. Und für alle, denen es so ergeht wie mir damals, wir können uns gesegnet fühlen, mit einem so wunderbaren und starken Kanal in die Kommunikation zu starten.

Das Schöne ist, wenn wir uns schließlich daran gewöhnen, mit unseren gewohnten Kanälen auf Empfang zu sein, folgen die anderen mit der Zeit ganz von selbst.

In den Jahren, die auf meine ersten Engelerfahrungen folgten, besuchte ich Seminare, Workshops und nahm an vielen Meditationen teil, auch wenn ich bald an einen Punkt gelangte, an dem es nicht mehr darum ging, etwas Neues zu »entdecken«. Vielmehr ging es um das Gefühl, in die Engelsenergie einzutauchen, gemeinsam mit Menschen, die alle auf die Liebe und Führung der Engel vertrauen oder sich auf irgendeine Art und Weise zu ihnen hingezogen fühlen. Das macht etwas mit einem. Es berührt und es beflügelt. Es macht Mut, es gibt Kraft, und es tut vor allem eins, es öffnet die Herzen.

Schon bald stellte ich fest, dass ich die Stimme meines Herzens klarer wahrnehmen konnte. Und nicht nur das, ich war auch in der Lage, ihr zu folgen. Es war, als hätte jemand einen Verstärker an eine Anlage angedockt.

Ich habe Kraftschübe ohnegleichen erlebt und mich zeitweise selbst nicht wiedererkannt. Ungewöhnlich offen und mutig bin ich auf Menschen zugegangen, habe sie angesprochen, nach dem Motto: »Was würdest Du tun, wenn Du sicher sein könntest, Du hättest damit Erfolg?«

Erst einige Zeit später habe ich realisiert, dass dieser glückliche und mutige Zustand bedeutet, in seiner Kraft zu sein. Mit einem Mal erscheint alles möglich. Wir stellen nichts infrage, und all unsere Begegnungen, Gespräche und der inspirierende Austausch geschehen in absoluter Leichtigkeit. Quasi von allein.

Das hast Du sicher auch schon erlebt. Plötzlich ist alles im Fluss, und wunderbare Gelegenheiten ergeben sich wie von Zauberhand. Du triffst auf einen Menschen, der Dir genau im richtigen Moment eine neue, wichtige Tür öffnet. Du bist offen, und das Universum unterstützt Dich, wo es nur geht. Du bist in vollem Vertrauen und glücklich mit Dir selbst, Du fühlst Dich wohl mit Dir und in Dir. Und genau das spiegelt sich in allem wider, was Dich umgibt und Dir widerfährt, in jeder Person, die Dir begegnet, in den Gedanken, die Dir kommen. Es ist ein fantastischer Zustand.

Mir haben es die Engel ermöglicht, einen Geschmack dessen zu bekommen, was es heißt, im Fluss mit dem Universum zu sein. Mein eigenes Glück und meine Freude zu erkennen und zulassen zu können. Nicht einen Moment wollte ich mehr ohne sie verbringen.

Zeichen

Ein Weg, über den die Engel immer und jederzeit mit uns kommunizieren, sind Zeichen. Diese können in den unterschiedlichsten Formen auftauchen, aber eines haben sie alle gemeinsam: Sie berühren uns im Herzen und schenken uns Führung.

Ein klares und dazu sehr lustiges Zeichen erhielt ich während der Entstehung dieses Buches. Ein von mir sehr geschätzter Regisseur, mit dem ich schon große Projekte geplant hatte, meldete sich bei mir wie aus dem Nichts. Er war in den letzten Monaten mehr oder minder verschollen gewesen, und wir hatten bestimmt ein Dreivierteljahr nichts voneinander gehört. Jetzt war er zurück und rief mich an. »Alexandra! Es ist so weit, ich habe das perfekte Projekt für uns.« Abgesehen davon, dass ich mich freute, ihn nach langer Zeit zu sprechen, überraschte er mich. Es ging um die Verfilmung eines spirituellen Buches, und ich sollte die Hauptrolle übernehmen. »Es war nur eine Frage der Zeit, bis sich unsere Zusammenarbeit tatsächlich manifestiert.« So seine Worte.

Das war umso spezieller, als dass ich das Thema Film und Schauspiel zu dem Zeitpunkt vollkommen losgelassen hatte und mir der Prozess, dieses Buch zu schreiben, tiefe Freude und auch große Kraft gab. Es fühlte sich absolut richtig an, und ich konnte mir gerade überhaupt nicht vorstellen, irgendetwas anderes zu machen. Warum kam genau jetzt dieser Anruf? Ich war kurzzeitig ziemlich irritiert. Schließlich hatte es Zeiten gegeben, in denen ich mir nichts sehnlicher gewünscht hatte, als genau mit diesem Regisseur zu arbeiten und solch ein Buch zu verfilmen. Aber nun nährte mich mein eigenes Buch mehr als alles andere. Was sollte ich tun?

Mein Herz kannte die Antwort, aber ich war verunsichert und konnte sie nicht klar wahrnehmen. Also bat ich die Engel um ein Zeichen. Zusätzlich zog ich eine Engelkarte. Diese Karten sind für mich der direkte Draht zum Himmel und haben mir schon häufig liebevolle

Antworten und Klarheit geschenkt. Ob mit offenen oder geschlossenen Augen, dank der Kraft der Anziehung kommt immer genau die Karte zu Dir, die Deine inneren Gefühle widerspiegelt. Ich entschloss mich für das Deck von Erzenengel Michael, da dieser Engel für eine sehr kraftvolle Energie steht und ich mir eine klare, energische Antwort erhoffte.

Ich zog die Karte »Prüfe Deine Optionen«, und darunter stand folgendes kleines Gebet:

»Lieber Gott, ich danke Dir für Deine Weisheit und Liebe und dass Du mir hilfst, meine verschiedenen Optionen zu sehen, zu verstehen und anzuwenden. Bitte führe mich in die beste Richtung bezüglich meiner Gesundheit, Glück und Lebensaufgabe.«

Volltreffer. Ich war gerührt, ich hatte diese Karte noch nie zuvor gezogen, und sie hatte recht. Es ging um Optionen, und vor allem ging es darum, den besten Weg für meine Gesundheit, mein Glück und meine Lebensaufgabe zu gehen. Direkt vernahm ich das Echo aus der Tiefe meines Herzens, die Antwort erschien nun klar und verständlich. Eindeutiger hätte sie nicht ausfallen können. Und dennoch, ich blieb verunsichert. Immerhin ging es hier um meine große Leidenschaft, den spirituellen Film, für die ich in den vergangenen Jahren schon viel gegeben hatte. Also sprach ich im Stillen das Gebet und bat die Engel noch einmal um zusätzliche Zeichen.

Genau einen Tag später radelte ich mit einer Freundin von Mitte nach Kreuzberg. Auf dem Weg sprachen wir über den unerwarteten Anruf. Ich fragte sie nach ihrer Meinung und erzählte ihr, dass ich verunsichert sei. In diesem Moment – es war wirklich exakt in diesem Moment – fuhr ich an einer Litfaßsäule vorbei, die eine Frau mit einem Buch auf dem Kopf zeigte. Darüber stand in fetten Lettern, mit drei dicken Ausrufezeichen:

SCHREIB! DEIN! BUCH!

Ich machte eine Vollbremsung. War das zu glauben!?! Ich war von meinen geliebten Begleitern schon viel gewöhnt, aber dieses Zeichen haute mich fast vom Rad. Ich rief nach meiner Freundin, die schon ein ganzes Stück weiter geradelt war. Sie kehrte um, und als ich ihr die Werbung zeigte, mussten wir beide laut lachen. »Noch Fragen?«, war ihr einziger Kommentar, und meiner ein erleichtertes: »Nein!«

Ich war tatsächlich erleichtert, mein Herz hatte es mir bereits klar zu verstehen gegeben. Aber eine andere Stimme in mir hatte stets dazwischengeplappert und mich daran erinnert, wie sehr ich es mir doch gewünscht hatte, spirituelle Filme zu drehen und Lichtrollen zu spielen. Nun bekam ich genau das Zeichen, das ich brauchte und das mir unmissverständlich zeigte, dass dieses Buch zurzeit oberste Priorität hatte.

Federn

Es kann auch passieren, dass Du eine Feder findest. Federn sind tatsächlich *das* Zeichen der Engel. Charles Virtue nennt sie die »Visitenkarte« der Engel. Ich habe sie im Lauf der Jahre schon an den ungewöhnlichsten Orten und in den abgelegensten Winkeln gefunden, weit entfernt von Vögeln, Daunenjacken oder Kissen, sodass ich keinen Zweifel an den himmlischen Zeichen habe.

Aber mehr noch als der Ort rührt mich oft das Timing, mit dem die Engel ihre »Visitenkarten« platzieren. Es geschieht stets in dem Moment, in dem ich einen entsprechenden Gedanken, ein Gebet oder eine Frage ausgesendet habe. Häufig, wenn ich um Trost oder Kraft gebeten habe, oder aber, wenn ich in einem besonderen Gespräch mit jemandem bin. Die Feder erscheint dann wie eine Bestätigung des Himmels.

Zahlen

Ein anderer Weg, den unsere himmlischen Begleiter gerne nutzen, um mit uns zu kommunizieren, sind Zahlen. Hierbei handelt es sich meistens um sich wiederholende Muster, die uns begegnen.

Zum Beispiel ist es immer elf Minuten nach, wenn ich auf die Uhr schaue. Elf Minuten nach zehn Uhr, elf Minuten nach fünfzehn Uhr, elf Minuten nach zweiundzwanzig Uhr. Egal wann, es passiert mir zu jeder Tages- oder Nachtzeit. Das ist wirklich speziell. Inzwischen weiß ich, dass es die Engel sind, die mich auch auf diesem Wege mehrfach am Tag daran erinnern, dass sie bei mir sind, und jedes Mal spüre ich einen liebevollen Energieimpuls. Mal gibt er mir Mut, mal Kraft, oder er bringt mich zum Lächeln. Außerdem habe ich am 18. 11. Geburtstag, die Elf hat definitiv eine besondere Bedeutung in meinem Leben.

Auch für Sebastian ist das so. »Zufällig« guckt er um elf Uhr elf auf die Uhr, zu genau jenem Zeitpunkt, an dem seine Großmutter starb, als er noch ein kleiner Junge war. Seitdem hat er fast täglich ein Elf-Uhr-elf-Erlebnis und erhält so liebevolle Grüße aus dem Himmel, der ihn wissen lässt, dass er beschützt und geführt wird.

Die Zahl begegnet ihm allerdings nicht nur beim Blick auf die Uhr. Neulich hatte er ein wichtiges Meeting und wartete auf seinen Zug nach

Hamburg. Dieser hatte Verspätung, und über den Lautsprecher wurde ein Gleiswechsel durchgegeben. Es war nun Gleis elf, und erst dann entdeckte Sebastian, dass auch sein Zug die Nummer elf hatte. Er lächelte. Jetzt wusste er, er würde zum richtigen Zeitpunkt ankommen, und sein Termin wird gut verlaufen. Die Elf begleitet ihn auf sehr besondere Weise.

Zahlen haben von jeher eine heilige Bedeutung, denn jede Zahl besitzt ihre ureigene Schwingungsfrequenz. Weise Lehrer wie Hermes, Plato oder Pythagoras haben bereits davon berichtet, und die heilige Wissenschaft der Numerologie fasziniert die Menschheit seit der Antike bis zur heutigen Zeit.

Engelzeichen in Form von Zahlen können überall auftauchen. Auf Nummernschildern, Quittungen, in E-Mails, auf Gebäuden, in Telefonnummern, Postleitzahlen, Geburtstagen, Hausnummern und vielem mehr. Schließlich schicken die Engel uns ständig Botschaften, ob wir nun im Auto unterwegs sind, im Büro sitzen, auf Reisen oder zu Hause sind.

Ist Dir auch schon eine ganz bestimmte Zahlenfolge aufgefallen, die Dir immer wieder begegnet? Wenn Du wissen willst, welche Bedeutung sich dahinter verbirgt, probier es einmal und frage die Engel. Es kann sein, dass Dir plötzlich eine damit verbundene Botschaft bewusst wird.

Oder aber Du schaust in dem Buch »Die Zahlen der Engel« von Doreen Virtue nach. Dort wird die Bedeutung aller Zahlen von 0 bis 999 bis hin zu mehrstelligen Zahlenkombinationen erklärt.

Neulich erzählte mir ein Freund, dass er stets um zweiundzwanzig Uhr zweiundzwanzig auf die Uhr schaut, und das so gut wie jeden Abend. Ich habe daraufhin bei Doreen Virtue nachgeschlagen. Die zweiundzwanzig bedeutet: »Deine tiefe Überzeugung manifestiert Wunder und wunderbare neue Gelegenheiten! Bleib stark in Deinem Glauben!« Ich war fasziniert. Mein Freund bekommt diese Botschaft täglich doppelt, und sie passt einfach perfekt zu seinem Wesen und Handeln. Er ist kein offensichtlich spiritueller Typ, aber er vertraut und folgt seiner Intuition und lässt sich so schnell durch nichts erschüttern. Ich kenne kaum jemanden, der mit solcher Kraft durchs Leben geht, Hürden überwindet und das Unmögliche möglich macht.

Ich schaue mehrfach die Woche in dieses Buch, denn Zahlen sind eines meiner Lieblingszeichen. Ich empfinde sie als sehr greifbar und präsent. Außerdem macht diese Art der Kommunikation mit der himmlischen Welt Riesenfreude und ist oft unglaublich berührend.

Synchronizität

Neben Federn oder Zahlen sind auch Synchronizitäten eine ganz typische Handschrift der Engel. Das kennst Du sicher auch. Du befindest dich zum richtigen Augenblick am richtigen Ort, und Dinge scheinen sich auf wundersame Weise zu ergeben. Unsere Gedanken, Wünsche oder Ideen manifestieren sich scheinbar wie von selbst im Außen. Wir alle kennen diese Momente, in denen wir überrascht werden von glücklichen Zufällen (= Fügungen).

Ich habe die Erfahrung gemacht, dass so gut wie immer die Engel dahinterstecken. Sie sind Meister des himmlischen Timings. Und sie tun alles, was in ihrer Macht steht, um uns tatsächlich zum richtigen Zeitpunkt an den richtigen Ort zu führen, damit sich unser Seelenplan bestmöglich entfalten kann.

Ein besonders faszinierendes Erlebnis hatte ich, als es darum ging, eine Reise anzutreten, die mein Leben nachhaltig verändern sollte. Es war an einem sonnigen Nachmittag im Mai. Ich kam gerade vom Schauspielinstitut und radelte grübelnd nach Hause. Auf Höhe eines kleinen Parks stoppte ich, stellte mein Fahrrad ab und wanderte auf die kleine Wiese, um mich dorthin zu setzen. Ich hatte eine Entscheidung zu fällen. Sollten wir in sieben Tagen nach Brasilien fliegen? Weder Flug noch Unterkunft waren geklärt, geschweige denn gebucht, und eigentlich erschien es völlig absurd, in einer Woche spontan nach Südamerika zu reisen.

Immerhin wussten wir, wohin es gehen sollte. Nach Abadiania, einem kleinen Dorf mitten in der brasilianischen Pampa. Dabei handelte es sich nicht um irgendein Dorf, sondern um ein außergewöhnliches Fleckchen Erde, das ein großes Kristallvorkommen aufweist. Dort befindet sich die Wirkungsstätte von Joao de Deus, auch bekannt als »John of God«. Er gilt als einer der weltweit größten Heiler und Medien, zu dem jedes Jahr Millionen von Menschen aller Nationalitäten reisen und von großen Wundern und Heilungen berichten. Er besitzt die Gabe, als göttlicher Kanal alle Arten von Krankheiten heilen zu können und den Menschen zu einer tiefen spirituellen Verbindung zu verhelfen. Zu ihm sollte es gehen. Keine gewöhnliche Reise also.

Ich war bis dahin noch nie in Brasilien oder Südamerika überhaupt gewesen und hatte keine Ahnung, ob wir ein Visum oder eine Impfung benötigten. Darüber dachte ich aber auch nicht weiter nach. Vielmehr beschäftigte mich der Gedanke, ob eine Reise in die Ferne, zu einem mir bis vor Kurzem noch unbekannten Heiler, nicht völlig verrückt wäre. Nicht, dass es nicht kraftvoll oder heilsam wäre und mich, die stets auf der Suche nach ganzheitlichen Heilungsansätzen war, nicht interessierte. Jedoch hätte sich das Ganze mit etwas Vorlauf sicher einfacher entscheiden und planen lassen, organisatorisch, vor allem aber mental. Ich brauchte einfach ein wenig Zeit. Aber anscheinend war es so nicht geplant.

Wenige Monate zuvor war zum ersten Mal der Name »Joao de Deus« gefallen, ohne dass ich diesem besondere Aufmerksamkeit widmete. Ich las viele Bücher zum Thema Heilung, viele Namen und Methoden kreuzten meinen Weg, jedoch hatten mich jene, mit denen ich in Resonanz ging, bis dato nicht in weite Ferne geführt. Zu jener Zeit lag mein geografischer Heilfokus in Bayern am Ammersee. Und dann plötzlich, innerhalb von vier Wochen, wurde Joao omnipräsent. Ein Freund hatte einen sehr erfolgreichen Film über ihn gedreht, der just als DVD rauskam. Bücher über ihn fielen mir in die Hände, die ich zwar nicht las, jedoch intuitiv in meine persönliche Heilbibliothek mit aufnahm, und jeder um uns herum schien über diesen Mann zu sprechen. Spätestens als uns dann gute Bekannte überraschend mitteilten, dass sie nach Abadiana fliegen würden, und uns aufforderten mitzukommen, war klar: Irgendetwas ist da, was uns nach Brasilien holen möchte.

Also begannen wir, eher halbherzig nach Flügen zu suchen, was sich so kurzfristig natürlich als nicht ganz billiges Unterfangen herausstellte. Und eine Unterkunft in dem sehr einfachen Dörfchen zu finden stellte sich als noch schwieriger heraus.

Ich suchte mir also ein Plätzchen unter einem großen Baum und lehnte mich an seinen Stamm. Was nun? Sollten wir alles stehen und liegen lassen und spontan fliegen? Und überhaupt, wohin mit unserer geliebten Hündin?

Mir war klar, dass ich die Antwort nicht auf rationaler Ebene bekommen würde. Denn dann würde sie logischerweise »Nein, nicht jetzt. Nehmt Euch mehr Zeit, informiert Euch besser und schaut dann, ob's passt« lauten. Also holte ich eines der ungelesenen Bücher von Joao aus der Tasche, in dem ich eigentlich hatte stöbern wollen. Ich legte es auf meinen Schoß und schloss die Augen.

Die Vögel zwitscherten, und es war herrlich ruhig.

In Gedanken konzentrierte ich mich auf meine Frage und schickte sie dann ungefähr so nach draußen:

»Liebe Engel, wenn wir wirklich nächste Woche in Brasilien sein sollen, dann brauche ich bitte dringend ein Zeichen. Am besten gleich! Ich danke Euch!«

Und zur Sicherheit schickte ich noch ein »Die Zeit ist wirklich knapp, bitte lasst es deutlich sein« hinterher.

Es dauerte keine dreißig Sekunden, als die Stille plötzlich von einem Hämmern durchbrochen wurde. Ich zuckte vor Schreck zusammen und war versucht, die Augen zu öffnen, um das Geräusch zu orten. Andererseits wollte ich mich auch nicht so einfach ablenken lassen und verharrte mit geschlossenen Augen im meditativen Schneidersitz, fest entschlossen, eine richtige Antwort zu bekommen. Ich bedankte mich für das unerwartete Geräusch, das klang, als wenn ein Kind mit seiner Schaufel auf einen dieser Metallabfalleimer hauen würde, die es im Park so häufig gibt. Auch wenn ich zuvor weit und breit kein Kind gesehen hatte und es urplötzlich wieder mucksmäuschenstill war, so erschien mir die Antwort, falls es denn eine sein sollte, doch sehr vage. »Ihr Lieben, ich brauche es bitte etwas konkreter!«, dachte ich und wartete.

Nun vergingen zwei Minuten. Ohne Hämmern, ohne Stimmen, ohne Geräusche, bis plötzlich jemand vom anderen Ende der Wiese rief: »Brazil!«

»????????!«, war ungefähr meine innere Reaktion. Und dann kam es gleich noch mal: »Braaaazillll!!!!«, für den Fall, dass ich irgendeinen Teil davon nicht verstanden hätte. Ich fing laut an zu lachen. Ich hatte meine Antwort, klar und deutlich. Brazil is calling.

Ich habe noch nicht mal mehr geschaut, wer da eigentlich gerufen hat. Einfach nur dankbar über diese so offensichtliche Antwort bin ich irgendwann nach Hause geradelt. Die Fügungen des Tages waren jedoch noch nicht zu Ende, die Engel wirkten weiter, schließlich fehlten uns nach wie vor Flug und Unterkunft.

Noch am Abend des Parkerlebnisses öffneten wir ein anderes ungelesenes Buch von Joao und entdeckten im hinteren Teil eine deutsche Organisation, die Reisen nach Abadiania vermittelt. Es war bereits halb zehn, aber ich griff zum Hörer, um dort im Büro eine Nachricht mit unserer Anfrage zu hinterlassen. Statt eines Anrufbeantworters hatte ich den Chef und Gründer der Organisation am Apparat. Dieser konnte es nicht fassen, wie viel Glück ich hatte, ihn persönlich zu erwischen. Nicht nur, weil mein Anruf jenseits der normalen Arbeitszeit reinkam, sondern weil er eigentlich so gut wie nie in Deutschland ist und sich stattdessen in Brasilien oder anderen fernen Ländern vor Ort um alles kümmert. Ich war direkt an der Quelle gelandet. Geduldig und freundlich beantwortete er mir alle Fragen, die mir auf dem Herzen lagen, und nahm mir damit auch die letzten Bedenken.

Am nächsten Morgen hatten wir unser Flug-Hotel-Guide-Paket geschnürt, inklusive eines Last-Minute Rabatts. Die Ehefrau des netten Chefs war übrigens unser Guide in Abadiania, eine deutschsprachige Brasilianerin, die uns eine große Unterstützung sein sollte. Mehr als beruhigt konnten wir tatsächlich sieben Tage später die Reise ins Unbekannte antreten.

All diese Synchronizitäten hatten uns nach Abadiania geführt, dem wahrscheinlich magischsten Ort, den ich je erlebt hatte. Und unsere Zeit dort bei Joao de Deus wurde zu einer unvergesslichen göttlichen Erfahrung, der ich nicht nur große Geschenke auf meinem Heilungsweg, sondern auch auf meinem Herzensweg zu verdanken habe.

Die Engel hatten ganze Arbeit geleistet. Und genau das tun sie immer, so gut, so kraftvoll und so kreativ sie können. Und, wie Du siehst, oftmals auch mit viel Humor.

Es gibt noch unendlich viele Wege, über welche die Engel mit uns kommunizieren und uns führen. Und wirklich jeder Mensch besitzt von Natur aus die Fähigkeit, sie wahrzunehmen. Dazu ist nichts weiter nötig, als zu vertrauen und jegliche Zweifel loszulassen.

Unsere Begleiter haben mich wissen lassen, dass es allein darum geht zu vertrauen, sobald wir mit ihnen Kontakt aufnehmen. Sie haben mir dazu folgendes diktiert:

»Wir bitten Euch, ruft uns ohne Anstrengung,
lasst alle Zweifel und Ansprüche los,
und kommuniziert mit uns so,
wie es Euch Freude macht.
Wir sehen Euch, wir sehen Euer Herz.
Es funktioniert immer.«

Vielleicht ist es an dieser Stelle sinnvoll, eine Verschnaufpause einzulegen?

Fällt es Dir schwer, die bisherigen Geschichten und beschriebenen Zeichen anzunehmen? Ich ermutige Dich, bleib offen und neugierig. Denn wenn wir uns für etwas öffnen, das über das Alltägliche hinausgeht, werden tatsächlich Wunder möglich. Ich habe durch die Engel einen Perspektivwandel erfahren, der mir so viel Wundervolles im Leben offenbart, wahre Wunder, an denen ich früher mit wehenden Haaren vorbeigeradelt oder -gejoggt wäre.

Je mehr ich mich auf die himmlischen Wesen einließ, desto öfter erlebte ich eine Leichtigkeit in meinem Leben, die ich bis dahin nicht kannte. Es war eine Leichtigkeit des Seins, in der alles ganz ohne Anstrengung geschah. In der Freude und innerer Frieden vorherrschten und ich jederzeit auf eine neue, großartige Überraschung gefasst sein musste. Die Engel lehrten mich, dass genau diese Leichtigkeit unser wahres Sein bedeutet.

Und letztlich haben die Engel mich daran erinnert, dass wir nicht zufällig hier auf der Erde sind. Wir alle haben eine ganz besondere Gabe, ein Geschenk, das wir geben können – allein durch unser Sein. Jeder leistet einen wichtigen und einzigartigen Beitrag, allein weil er auf der Erde ist. Dieses Leisten hat nichts mit Leistung im menschlichen oder irdischen Sinn zu tun. Unsere wahre Aufgabe ist es, zu sein. In Freude und in Frieden zu sein. Und das bedeutet für jeden Menschen etwas anderes.

Die Engel haben mich zurückgeführt zu meiner Seele, zu meinem höheren Selbst. Das ist wohl das allergrößte Geschenk. Denn dadurch hat sich in mir ein Urvertrauen in eine höhere Weisheit entwickelt, das mir auch inmitten größter Herausforderungen Kraft gibt. Dabei geht es nicht darum, ein Leben ohne Probleme oder Fehler zu führen, sondern eine Leben voller Antworten und Sinn. Alle Erlebnisse, auch die negativen, sind wichtig, und glaub mir, auch ich würde zu gerne auf sie verzichten. Aber wenn es mal wieder richtig stürmisch ist in meinem Leben, sind es die Engel, die mich daran erinnern, dass Herausforderungen nicht dazu da sind, um uns zu überfordern. Sie haben genau das Maß, um unsere Seele wachsen zu lassen und notwendige Erfahrungen zu sammeln. Das Leben will uns helfen, auch wenn es auf den ersten Blick nicht immer danach aussieht.

Neulich fragte mich ein Freund, ob ich denn aufgrund meiner Geschichte niemals Wut gegenüber dem Himmel verspürt oder an den Engeln gezweifelt hätte. Die Antwort kam aus mir heraus, noch bevor ich darüber nachdenken konnte: »Nein, nicht einen Moment!« Er hakte nach: »Aber hast Du Dich niemals gefragt: Wo waren sie denn, als ich die Diagnose bekommen habe? Warum haben sie es nicht verhindert?« Jetzt dachte ich über seine Worte nach. Hatte ich mir jemals diese Fragen gestellt? Oder hatte ich mich jemals gefragt, warum ausgerechnet ich? Warum musste ich so einen heftigen Wake-up Call erleben? Er hätte ja durchaus sanfter ausfallen können. Und dann wiederholte ich aus tiefster Überzeugung meine Antwort:

»Nein, nicht einen Moment. Noch nie.«

Ich hatte tatsächlich noch nie, nicht mal im Ansatz, Wut, jegliche Art von Vorwurf oder Zweifel empfunden. Es war mir gar nicht in den Sinn gekommen.

Ich weiß, dass die Engel uns nicht die nötigen Erfahrungen abnehmen können. Schon gar nicht jene, die sich unsere Seele hier auf der Erde vorgenommen hat. Aber ich weiß auch: Hätte ich damals bereits so eine Verbindung zu den Engeln und solch ein Bewusstsein für ihre unendliche Kraft und Liebe gehabt wie heute, mein Weg wäre anders verlaufen. Leichter, sanfter und ganz bestimmt freudiger.

Unsere himmlischen Freunde sorgen immer dafür, dass wir uns besser oder sicher fühlen. Ihre Führung geschieht durch warme, glückliche und leichte Gefühle. Dabei sind sie, wie Du siehst, sehr kreativ, sie lassen sich alles Mögliche einfallen, um Dich zu erreichen. Und Du weißt es, wenn es geschieht. Denn es bestätigt ein tiefes inneres Wissen in Dir, es berührt Dich, oder es bringt Dich zum Lachen. Überhaupt sind Engel sehr lustig. Sie haben einen großartigen Humor und lieben es, uns zu amüsieren. Wenn Du erst einmal beginnst, die Engelsenergie in Dein Leben einzuladen, dann, das verspreche ich Dir, wird das Leben lichtvoller, leichter und freudiger.

Meine Engelessenz

Für mich stehen die Engel vor allem für Leichtigkeit. Das ist meine persönliche Essenz. Sie sind spielerisch und freudig und wollen genau diese Energie in unser oft schweres, sorgenvoll gewordenes Leben zurückbringen. Sie können unsere Ernsthaftigkeit nicht ernst nehmen, was nicht heißt, dass sie nicht mitfühlend sind und unsere Sorgen auf die leichte Schulter nehmen. Sie kennen jedoch die Wahrheit hinter allem, und sie wünschen sich, dass wir wieder mehr spielen, mehr lachen und uns dadurch an unser wahrhaftiges, ursprüngliches Wesen erinnern. Auch ein Grund, warum Engel Kindern so nah sind. Sie haben noch nicht verlernt zu spielen und sind noch angebunden an ihr göttliches Wesen.

Unsere himmlischen Freunde können Leichtigkeit in unser Leben bringen, sobald wir es zulassen. Oft trauen wir den Dingen nicht, wenn sie leicht von der Hand gehen. Wir sind so verhaftet mit der Anstrengung, und unser Verstand ist so konditioniert, dass der Weg zu Glück, Heilung und Erfolg in unserer Vorstellung schwierig oder herausfordernd sein muss. Wenn wir uns anstrengen und ganz fleißig sind, dann können wir es vielleicht schaffen. Dabei ist es einfach. Denn alles, nach dem wir suchen, nach dem wir streben, ist in uns. Wir sind es bereits. Und genau das ist es, was die Engel uns immer wieder beibringen. Jeden Tag erinnern sie uns aufs Neue daran und führen uns Schritt für Schritt, mit einer Engelsgeduld, zurück zu unserem göttlichen Kern.

Mit anderen Worten, sie bringen uns zurück zu unserer eigentlichen Lebensaufgabe: Unsere Freude zu leben. Dafür brauchst Du noch nicht einmal zu wissen, wie Deine Freude genau aussieht. Deine himmlischen Begleiter wissen es, sie kennen Deine Talente und Dein individuelles Potenzial, und sie bringen jeden einzelnen von uns dorthin, wo er seine persönliche Freude, sein Glück und seine Fülle findet.

Mich haben die Engel zurück zu den Engeln geführt. Mit ihnen fühle ich mich zu Hause, sie sind meine Urfreude, die ich so lange vergessen hatte. Über große und kleine, heftige und sanfte Umwege sind sie zurück in mein Leben gekommen und schenken mir völlig neue Perspektiven auf alles, was ich erfahren und kreieren darf.

Wäre es nicht großartig, wenn jeder die Chance nutzen würde, durch die Engel zu seiner ureigenen Freude zurückzufinden? Zu einem glücklichen, gesunden und erfüllten Dasein?

Engel verlangen schließlich nicht, sich auf Engel zu fokussieren. Im Gegenteil, sie helfen und unterstützen uns, wo sie nur können, um unsere Herzen zu stärken, unsere Berufung im Leben zu finden, uns selbst zu verwirklichen und unserem Dasein mehr Sinn zu schenken. Sie helfen uns auf die Sprünge und lassen uns erkennen, was wir uns wirklich wünschen.

Und wenn wir es schließlich erkannt haben, schenken die Engel uns immer wieder den nötigen Mut, Schritt für Schritt darauf zuzugehen und dabei hell zu leuchten.

Herzöffner 9: Engeleinladungen

Hast Du heute schon eine Einladung verschickt? Wenn Du damit beginnst, Einladungen auszusenden, ermöglichst Du dem Himmel, Dir zu antworten. Der von mir geschätzte Kyle Gray hat dafür ein wunderbares Bild verwendet. Es ist, als würden wir eine Party geben. Wir versenden Einladungen und sagen allen Bescheid, die wir dabeihaben wollen. Woher sollen unsere Freunde sonst wissen, wo und wann die Party steigt?

In etwa so verhält es sich mit den Engeln. Es liegt an uns, sie einzuladen und dafür zu sorgen, dass sie wirken können. Das Gute dabei ist, sie brauchen keine lange Planung, müssen nicht schauen, ob ihr Terminkalender schon etwas anderes vorsieht. Sie sind jederzeit und sofort zur Stelle. Ebenso können wir natürlich zukünftige Ereignisse, Meetings oder Gespräche mit ihnen vorbereiten. Hauptsache, wir laden sie ein und lassen sie wissen, was wir uns wünschen.

Damit unsere Party auch ein Erfolg wird, sollten wir uns eventuell noch um Essen, Getränke und in jedem Fall um gute Musik kümmern. Entsprechend geht es bei der himmlischen Begegnung darum, zu vertrauen, wirklich zu vertrauen, dass die Engel sich für uns einsetzen. Auch wenn ihre Antwort vielleicht erst einmal nicht unserer eigenen Idee entspricht. Wir kennen den weisen Plan dahinter nicht. Möglicherweise sind wir aufgefordert, Veränderungen vorzunehmen, Schritte zu gehen, die sich auch mal ungemütlich anfühlen. Oder genau das Gegenteil: geduldig zu sein und darauf zu vertrauen, dass alles zum richtigen Zeitpunkt geschieht.

Und wenn wir unseren Begleitern von Herzen und in Dankbarkeit begegnen, unterstützt dies nicht nur die himmlische Wirkung, sondern auch uns selbst. Dankbarkeit ist, wie Du nun weißt, der größte Herzöffner und ein purer Lichtmagnet, der nur Positives anzieht.

Je öfter wir unsere himmlischen Begleiter einladen und mit ihnen kommunizieren, desto vertrauter und enger wird die Verbindung. Wir erinnern uns wieder daran, wie es einmal war, ganz selbstverständlich mit den Engeln zu kommunizieren. Wir beginnen wieder, ihre Sprache zu verstehen, ihre Zeichen zu lesen, und gewöhnen uns an dieses himmlische Teamwork, das unser Leben erleichtert und mit so viel Freude erfüllt. Auf diese Weise werden die Engel schnell wieder ein selbstverständlicher Teil unseres Lebens, wenn wir es wünschen.

Sie sind immer für uns da, wenn wir sie brauchen, und einfach für alles zu haben. Wir können sie nicht überfordern, sie freuen sich über jeden Kontakt. Wie gute, liebevolle Freunde eben, allerdings mit himmlischen Kräften.

Praxis

Beginne ab heute, täglich eine Einladung zu verschicken.

Eine gute Zeit dafür ist am Morgen, noch bevor Du aufstehst und der Tag richtig losgeht. Ich begrüße meine himmlischen Freunde immer direkt nach dem Aufwachen und lade sie mit folgenden Worten ein:

»Guten Morgen, liebe Engel, ich freue mich
auf einen wundervollen Tag mit Euch.
Danke, dass Ihr mich mit Eurer Liebe und Eurem Licht
bei allem begleitet. Danke, dass Ihr durch mich,
für mich und mit mir wirkt. Amen.«

Mit dieser Einladung können die Engel Dich als ihren göttlichen Kanal hier auf Erden nutzen. Das hilft nicht nur Dir und Deinen eigenen Anliegen, sondern auch allen Menschen, denen Du im Laufe des Tages begegnest. Du berührst sie mit dem göttlichen Licht, das die Engel durch Dich hindurchströmen lassen. Dies ist ein wunderschönes Bild, an das Du Dich auch während des Tages immer wieder erinnern kannst.

Casting mit den Engeln

Was für andere Vorstellungsgespräche oder Bewerbungen sind, erlebe ich als Schauspielerin beim Casting, dem gefürchteten Vorsprechen für eine Rolle. So eine Situation kann auch nach jahrelanger Erfahrung immer wieder nervenaufreibend sein. Es hängt davon ab, worum es geht, wie groß die Rolle ist, wie viele Menschen Dir zuschauen und was genau Du spielen sollst. Aber ob es nun für einen kleinen Werbespot ist oder für einen Film, so richtig gewöhnen tut man sich daran wahrscheinlich nie. Es ist und bleibt jedes einzelne Mal aufregend.

Seitdem ich jedoch die Engel an meiner Seite habe, laufen Castings ganz anders ab als vorher. Ich bin nun nicht mehr allein und kann mit meinen himmlischen Begleitern gemeinsam vor die Kamera treten. Das gibt mir nicht nur eine stärkere Präsenz, sondern ich kann die Situation auch ganz anders vorbereiten.

Bevor ich in ein Casting gehe, lade ich die himmlischen Begleiter aller Beteiligten ein, also vom gesamten Team. Den Schutzengel vom Caster, vom Regisseur, vom Kameramann, vom Produzenten, von Schauspielkollegen – wer auch immer anwesend sein mag und die Entscheidung beeinflusst. Auch die Engel des Casting-Studios lade ich ein, denn Institutionen haben ebenfalls kraftvolle Engel, die über sie wachen. Ich bitte alle himmlischen Begleiter darum, dass wir gemeinsam eine freudige Zeit haben und dieses Casting zum höchsten Wohle für alle abläuft.

Wenn es dann so weit ist und ich vor Ort allen begegne, weiß ich, dass alle Schutzengel bereits am Wirken sind. Dieses Bewusstsein macht große Freude und verändert meine Perspektive komplett. Die Engel sorgen schon zu Beginn für eine positive Atmosphäre, was jegliche Aufregung oder Nervosität direkt lindert. Sobald ich dann vor der Kamera stehe, schicke ich in Gedanken einen letzten Lichtstrahl in die Linse. Ab jetzt ist die Situation in himmlischen Händen.

Das bedeutet nicht, dass ich automatisch jeden Job bekomme. Dafür aber ereignet sich jedes Mal etwas Besonderes. Ich treffe jemanden wieder, den ich lange nicht gesehen habe und über den ich mich sehr freue. Oder ich knüpfe einen Kontakt, der mir beim nächsten Mal weiterhilft oder mit dem sich andere Projekte ergeben. Oder aber es klappt auf verblüffende und unerwartete Weise.

Bei einem Casting machte ich eine ganz besondere Erfahrung. Ich war unglaublich aufgeregt, da es um eine internationale Hauptrolle ging. Entsprechend intensiv hatte ich das Ganze mit meinen himmlischen Begleitern vorbereitet. Das Casting fand in einem simplen Raum statt, der ein einziges Fenster mit Blick auf eine andere Häuserwand hatte, ansonsten war nichts auffällig Schönes zu entdecken. Kaum war der Regisseur eingetreten, legte er voller Erstaunen seine Tasche ab. »Was für ein unglaublich schöner Raum!«, entfuhr es ihm, »Das ist ja traumhaft, hier herrscht eine ganz besondere Energie …« Begeistert schaute er sich um und lief zum Fenster. »Dieser Ausblick, das ist ja fantastisch!« Mir fiel die Kinnlade runter. Zwar schienen gerade einige Sonnenstrahlen herein, aber außer einer Brandmauer war von dem Fenster aus weit und breit nichts zu sehen.

Wenn das kein phänomenaler Start war! In meiner Aufregung war ich jedoch nicht in der Lage, das zu registrieren. Erst im Nachhinein wurde mir bewusst, welche Wirkung die Lichtarbeit gehabt haben muss, denn am Raum hat es beim besten Willen nicht gelegen. Wir machten einen kurzen Bild- und Tontest. Das Herz klopfte mir bis zum Hals.

Wusste ich den Text noch? Was, wenn ich gleich einen Patzer hatte? Immerhin sollte ich auf amerikanischem Englisch mit Südstaatenakzent spielen. Was, wenn ich das total verhaute? Und was, wenn dem Regisseur mein Spiel überhaupt nicht gefiel?

Ich hielt inne, atmete bewusst tief ein und ließ dann völlig los. Ich übergab es buchstäblich dem Himmel. Jetzt konnte ich sowieso nichts mehr ändern, jetzt konnte ich nur noch ins Vertrauen gehen. Dann kam das Startsignal: »Und bitte!« Ich fokussierte mich, schickte intuitiv einen letzten Engellichtstrahl in die Kamera und begann zu spielen. Besser gesagt, es begann durch mich hindurch zu spielen. Innerlich war ich einen Schritt beiseitegetreten, und die Worte flossen aus mir heraus. Ich spielte den Monolog, wie ich ihn während der Vorbereitung nicht ein Mal erlebt hatte. Die Worte kamen in einer völlig neuen und kraftvollen Art aus mir heraus. Ich fühlte die Szene, und die Kamera wurde zu einem lebendigen Gegenüber. Ich wusste, dass es vielen Schauspielern so ergeht. Sobald es ernst wird, entfacht sich ihr volles Potenzial. Aber ich kannte auch andere Geschichten, vor allem in Castings.

Umso überraschter war ich, dass der Regisseur sich nach der ersten Szene bedankte und in unnachahmlicher Direktheit feststellte: »Danke, Alexandra, wir haben's, das war's.« Ich schaute ihn mit großen Augen an. »Das war's?« Einerseits war ich noch eingenommen von der freudigen Kraft der Szene, andererseits auch etwas irritiert wegen der abrupten Reaktion. Letztlich war ich sogar so irritiert, dass ich vorsichtig nachfragte, ob er denn nicht noch eine Szene aufnehmen wolle, schließlich hatte ich mehrere vorbereitet. Woraufhin er mir entgegnete, dass er diesen Job jetzt seit vierzig Jahren mache, er wüsste, was er sieht und wann etwas authentisch ist. Das, was ich ihm gerade präsentiert hätte, besäße eine Qualität, auf die er selbst zehn Jahre hingearbeitet hatte. »Wir haben es im Kasten, herzlichen Glückwunsch, Du hast die Rolle! Aber Darling...«, fügte er hinzu, »an Deinem Südstaatenakzent müssen wir noch etwas arbeiten.«

Es war ein Wunder! Mein erstes internationales Filmcasting, es hatte direkt geklappt. Und das nach nur wenigen Minuten. Ich hatte die Rolle, und dazu bekam ich noch solch ein positives Feedback. Das war wirklich außergewöhnlich, das war phänomenal, und ich war zutiefst dankbar. Denn wieder einmal konnte ich ganz klar sagen, das war nicht ich. Es war die Handschrift der Engel. Wieder einmal hatten unsere liebevollen Begleiter für alles gesorgt, und das mit einem Ergebnis, das all meine Vorstellungen bei Weitem übertraf. Innerlich dankte ich ihnen immer und immer wieder.

Neben den üblichen Vorbereitungen hatte ich ein weiteres kraftvolles Werkzeug angewendet. Ich hatte den Raum und die gesamte Castingsituation vorab von zu Hause aus in eine Lichtkugel gehüllt. Die himmlischen Lichtkugeln lassen sich für alles anwenden, was Du Dir vorstellen kannst, für Menschen, Institutionen, Meetings, Ereignisse und auch für Prüfungssituationen. Du kannst damit auch Heilung schicken, alles ist möglich.

Herzöffner 10: Schicken von Lichtkugeln (inspiriert von Mari Nil)

Wichtig ist, die Kugel entsteht immer ohne Druck und ohne Anstrengung. Es geschieht einfach durch Dich hindurch, Du nimmst an und gibst weiter. Wenn Du angespannt bist, lass den Moment einfach gehen, und beginne von vorn.

Je mehr Du mit Licht- oder auch Heilkugeln arbeitest, desto stärker wird Deine Kapazität und desto wirksamer Deine Heilkraft.

Schritt 1: Öffnen der höheren Dimensionen

»Ich öffne die höheren Dimensionen.« Indem wir das sagen oder denken, geschieht es bereits. Der Himmel hat sich geöffnet, und wir sind verbunden.

Schritt 2: Wir laden ein

Als Nächstes laden wir Erzengel Michael und Erzengel Raphael sowie unsere Schutzengel ein und lassen sie erscheinen. Dies geschieht weder aus unserer Perspektive noch aus unserer Kraft.

Schritt 3: Über unser Herz und unsere Hände

Nun spüren wir, wie Energie über unser Herz und unsere Hände fließt. Es entsteht eine Heilkraft, die sich zu einer Licht- oder Heilkugel formt.

Schritt 4: Intention setzen

Wir setzen eine Intention und drücken aus, wohin wir die Lichtkugel, die auch Heilung schenken kann, schicken möchten. Intentionen können Heilung für uns selbst, für einen Körperteil von uns, für einen Aspekt von uns, für einen Raum, für Mutter Erde, für einen anderen Menschen oder für ein Tier sein. Wenn wir die Heilkugel an ein Familienmitglied schicken, fragen wir zuvor seine Seele, ob sie damit einverstanden ist, oder wir bitten sie zuvor darum, die Heilung anzunehmen.

Schritt 5: Abgeben

Nun lassen wir sie entstehen und geben die Licht- oder Heilkugel ab, damit sie unserer Intention folgen kann.

Reisen mit Raphael

Ich liebe Zugfahren. Es ist mein persönlicher Mini-Rückzug.

Ich genieße es, aus dem Fenster zu schauen und zu beobachten, wie all die unterschiedlichen Grüntöne der Natur an mir vorbeirauschen, dazwischen friedlich grasende Rehe, Kühe, Schafe, Pferde und immer mal wieder ein tiefblauer See, der plötzlich auftaucht. Vor allem aber genieße ich den Blick ins Weite. Ewiges Grün vor unendlichem Himmel, dazu das leichte Ruckeln der Schienen, für mich die perfekte Meditation. Kaum setze ich mich, beginnt auch schon die Reise in innere Landschaften. Im Zug erreiche ich oft die tiefste Entspannung und bin dazu fähig, meine Gedanken zu bündeln und mich auf ein Ziel zu fokussieren. Entsprechend freue ich mich auf diese Fahrten. Wahrscheinlich habe ich auch deswegen immer einen guten Platz, meist am Fenster mit beiden Sitzen ganz für mich allein.

Das verdanke ich jedoch auch definitiv Erzengel Raphael, der nicht nur ein mächtiger Heiler ist, sondern auch die Reisenden beschützt. Es gibt offizielle Beschreibungen, die den einzelnen Engeln ganz konkrete, individuelle Fähigkeiten zuordnen. Diese Zuordnungen variieren allerdings sehr, und kaum ein Buch oder Engellexikon gleicht dem anderen. Die bekanntesten Namen sind sicher die Erzengel Raphael,

Michael und Gabriel, da sie in der Bibel, im Koran und auch in der jüdischen Kabbala erwähnt werden.

Ebenso wird immer wieder von Engelhierarchien gesprochen. Damit bin ich persönlich noch nie in Resonanz gegangen, denn ich glaube nicht an himmlische Hierarchien. Deswegen hast Du mich bisher auch nur dabei erlebt, wie ich die Engel im Allgemeinen anspreche. Ich lade stets jene ein, die mir in diesem Moment helfen wollen. Es entspricht dem menschlichen Geist, alles ordnen zu wollen, damit der Verstand es besser fassen kann. Dagegen ist auch nichts einzuwenden, solange es Dir persönlich hilft und Dich Deinen himmlischen Begleitern näherbringt.

Ich persönlich fühle diese irdischen Kategorien nicht, für mich entspringt alles der einen allumfassenden göttlichen Kraft, und nichts davon ist stärker oder schwächer als das andere. Allerdings gibt es einige Engel, deren Namen mir über die Jahre, sei es in Büchern, auf Kongressen, in Channelings oder in meinem Umfeld, häufiger begegnet sind als andere, und daher macht es auch mir Freude, hin und wieder mal ganz »konkret« um Hilfe zu bitten.

Auf Reisen lade ich also immer Erzengel Raphael ein und bitte ihn, mich zu begleiten, ob nun im Auto oder Zug, auf kleinen Ausflügen oder fernen Reisen. Bevor es losgeht, nehme ich Kontakt zu ihm auf und bitte darum, dass er mich und gegebenenfalls auch meine Lieben sicher, gesund und glücklich ans Ziel bringt, das Gepäck heil ankommen und alle Aspekte der Reise problemlos und friedlich verlaufen lässt. Wenn ich fliege, stelle ich mir vor, wie Raphael und seine helfenden Engel erst das Flugzeug mit einem weißen Licht umgeben und dann die Piloten sowie alle Mitreisenden in dieses schützende, harmonisierende Licht hüllen. Schließlich bildet sich vor der Maschine eine strahlend weiße Lichtstraße, auf der wir sicher und ohne große Turbulenzen ans Ziel gelangen. Sobald wir gelandet sind, bedanke ich mich für den wunderbaren Flug. Ein Ritual, das ich ebenfalls im Zug anwende.

Mit Erzengel Raphael startete ich neulich eine Zugfahrt zu einem wichtigen Casting-Termin in München.

»Lieber Erzengel Raphael, danke, dass Du mich auf dieser Zugfahrt begleitest und mir einen wunderbaren Sitzplatz ermöglichst. Bitte hülle den Zug und alle Mitreisenden in Dein schützendes Licht, lass uns eine angenehme Fahrt haben, und bringe uns sicher ans Ziel. Ich bin offen und bereit für neue Erkenntnisse und Geschenke, die Du in den nächsten Stunden der Reise für mich bereit hältst. Ich danke Dir. Amen.«

Ich ergatterte einen herrlichen Fensterplatz und konnte mich wieder einmal auf beiden Sitzen ausbreiten. Draußen herrschte Sonnenaufgangsstimmung, und die frühmorgendlichen Raureifschwaden stiegen vor gold-orangefarbenem Licht empor. Es war wunderschön, und einer meditativen Zugfahrt sollte nichts im Wege stehen. Allerdings unterschätzte ich meine Nervosität. Nach vier Stunden, in denen ich meditiert, gefrühstückt und das Drehbuch nochmals durchgeguckt hatte, wurde ich müde, war aber viel zu aufgeregt um zu schlafen. Auch meine Anläufe, einfach ein wenig zu dösen, misslangen; ausgerechnet diese Zugfahrt schien endlos zu werden. Ich suchte nach Ablenkung und grübelte, wie ich mich die restliche Zeit beschäftigen, bestenfalls auch beruhigen konnte.

Yoga im Zug

Plötzlich kam mir die Geschichte eines bekannten amerikanischen Yogalehrers in den Kopf, die er während eines Workshops in Berlin erzählt hatte. Aufgrund einer Verletzung hatte er sechs Wochen im Krankenhaus liegen müssen, und seine Muskeln bauten sich mehr und mehr ab. Als Begründer einer großen Yogarichtung konnte er sich jedoch keine lange Auszeit leisten und begann schließlich in Gedanken Yoga zu machen. So wie Sportler sich neben hartem Training erfolgreich zum Sieg denken, indem sie immer und immer wieder den perfekten Bewegungsablauf vor ihrem inneren Auge abspulen, visualisierte er sich fortan täglich durch seine Yogapraxis. Als seine Entlassung endlich anstand, hatten seine Muskeln sich zum großen Erstaunen der Ärzte nicht abgebaut, sondern waren vielmehr stabil und sogar kraftvoll geworden.

Ich saß immerhin noch zwei Stunden im Zug – warum also nicht ein mentales Yogaexperiment machen? Ich lehnte mich zurück, schloss die Augen und konzentrierte mich auf meine blaue Yogamatte. Ich sah mich im Studio sitzen und fing an, das Om zu singen. Lautlos natürlich. Dann startete ich meine Stunde. Erst mit einigen Aufwärmstellungen, dann ging ich über zum Sonnengruß, bis ich schließlich völlig erstaunt in eine fließende Praxis kam. Es funktionierte tatsächlich! Was ich anfangs zum Zeitvertreib probierte, machte plötzlich richtig Spaß. Und als ich nach einer Dreiviertelstunde fertig war und innerlich meine blaue Matte zusammenrollte, fühlte ich mich so erfrischt, entspannt und trainiert wie nach einer eineinhalbstündigen ganz realen und besonders intensiven Yogastunde. Ich war fasziniert, denn mit diesem direkten Effekt hatte ich nicht gerechnet.

Zwar wusste ich, dass mit gebündelter Gedankenkraft alles, wirklich alles möglich ist. Theoretisch. Aber wie oft erleben wir in unserem hektischen Alltag Momente, in denen unser ganzes angesammeltes Wissen in Vergessenheit gerät, wir unseren Fokus verlieren und damit unsere Gelassenheit und Ruhe? Mir ist es jedes einzelne Mal eine Riesenfreude, wenn ich eine mir bewusste Theorie in die Praxis umsetze und die Ergebnisse direkt erfahren kann. Mit meiner Yogastunde im Zug hatte ich eine neue Dimension der geistigen Möglichkeiten erfahren, und ich empfehle Dir von Herzen, es selbst auszuprobieren.

Gestärkt kam ich in München an und bedankte mich bei Erzengel Raphael für diese Zugfahrt. Dieses Mal hatte er sich wirklich etwas Besonderes einfallen lassen, um mich nicht nur sicher, sondern auch entspannt und inspiriert am Ziel ankommen zu lassen.

Herzöffner 11: Mentales Training

Dieser Herzöffner ist vor allem für Menschen geeignet, die viel unterwegs sind und lange Reisezeiten haben, jedoch wenig Zeit, um körperlich aktiv zu sein. Er läßt sich jedoch auch wunderbar in jeder anderen Lebenslage anwenden.

Vielleicht bist Du zur Zeit ans Bett gebunden und möchtest dennoch fit bleiben, wie besagter Yogalehrer? Oder liegst Du gerade gemütlich auf der Couch und kannst Dich nicht aufraffen, zum Sport zu gehen? Oder bist Du unterwegs, hast einen wichtigen Termin vor Dir, für den Du einen klaren Kopf brauchst und nebenbei noch frisch aussehen willst?

Dann mache ein konzentriertes Training in Gedanken. Es muss kein Yoga sein, nimm einfach die Sportart, die Du gerne ausübst. Du kannst an der Spree entlangjoggen, eine Runde Rad fahren oder tanzen gehen. Visualisiere eine Aktivität, an der Du Freude hast. Vielleicht befindest

Du Dich gerade in einem Zug oder einem Flugzeug und möchtest es direkt ausprobieren?

Dann tu es, so wie ich, und lass Dich einfach darauf ein, denn so simpel dieser Herzöffner klingt, so kraftvoll ist seine Wirkung.

Mit den Engeln in der **Stadt**

Obwohl ich in einer Großstadt lebe, kann ich sagen, dass die Natur momentan mein wichtigster Herzöffner überhaupt ist. Es vergeht nicht ein Tag, an dem ich mich nicht an der frischen Luft bewege, bewusst tiefe Atemzüge nehme und die Nähe von Bäumen, Pflanzen und wenn möglich auch Wasser suche.

Nun wohnen wir mitten im Berliner Stadtteil Mitte, zwar in einer beschaulichen kleinen Straße, die ein wenig wie Salzburg anmutet, in der jedoch nicht ein einziger Baum steht. Das ist sogar im Berliner Zentrum eine Seltenheit. Aber auch in den benachbarten Straßen erstrecken sich nicht gerade Wald und Wiesen. Als wir hierher zogen, gab es gewisse Vorgaben. Abgesehen davon, dass ich mir der Kraft der Natur damals noch nicht in dem Maße bewusst war und vom ersten Tag meiner Berlin Zeit an in Mitte wohnte, durfte ich nach der Operation zwei Jahre lang weder Auto noch Fahrrad fahren. Das Auto vermisste ich in Berlin weniger, das Fahrrad umso mehr. Ich hatte vor der Operation wirklich alles mit dem Rad erledigt, war meist auf den letzten Drücker mit wehenden Haaren von A nach B gedüst, zur Uni, zur Galerie, zu Freunden, zu Partys – hohe Schuhe und Fahrrad gehen wunderbar –, und nun hieß es zu Fuß gehen oder öffentliche Verkehrsmittel nehmen.

Daher lautete mein Wunsch für unsere neue Wohnung: so zentral wie möglich und wenn, dann auch so urban wie möglich. Dieser Wunsch wurde absolut erfüllt.

Von unserem Minibalkon aus sehen wir das Bundeskanzleramt, zumindest das Dach; das Restaurant Grill Royal, Anlaufstelle von Kunst, Film und Fashion, befindet sich zwei Minuten zu Fuß entfernt, da lässt es sich auch in High Heels angenehm hinstöckeln. In gleicher Entfernung befindet sich das King Size, ebenso internationale Anlaufstelle für den Absacker bis in die Morgenstunden, oder auch die Bar 1000, zu der wir von Tür zu Tür noch nicht mal eine Minute brauchen. Ebenso nah liegen das Deutsche Theater und das Berliner Ensemble, zur Museumsinsel brauchen wir immerhin fünf Minuten und zur Uni sieben. Mit anderen Worten, all jene Stationen, die damals für uns interessant waren, lagen in einem unter-10-Minuten-Radius von uns entfernt. Unsere Wohnung war zum damaligen Zeitpunkt also ein echter Glücksfall.

Zu jener Zeit ahnte ich jedoch weder etwas von unserem vierbeinigen Zuwachs noch von den Engeln. Beide sollten meine Wahrnehmung wie auch meine Bedürfnisse komplett verändern. Ebenso wenig ahnte ich, wie selten beziehungsweise gar nicht ich die obigen Anlaufstellen nutzen sollte.

Gedanken wollen oft – wie Kinder und Hunde –, dass man mit ihnen im Freien spazieren geht, habe ich mal bei Christian Morgenstern gelesen. Mit Koukla ging es los, einem kleinen schwarzen Knäuel, das auf einem Kreta-Urlaub unser Herz eroberte und in unser Großstadtleben integriert werden wollte. Dieser vierbeinige Herzöffner wurde sehr schnell zu einem vollwertigen Familienmitglied und hält uns ordentlich auf Trab, denn aus besagtem kleinen Knäuel ist inzwischen eine große Jagdhündin geworden, die viel Bewegung braucht. Durch die ständigen Spaziergänge mit ihr erfuhr ich, welch fundamentalen Unterschied es macht, auch in urbaner Umgebung von Bäumen, Gras und Vögeln umgeben zu sein statt von Autos, Asphalt und Häusern. Dieses tägliche Umschalten zwischen einer reinigenden, sanften Atmosphäre, die selbst eine kleine Wiese im Hinterhof bringen kann, und einer dichten, lauten Energie machten etwas mit mir. Die Sehnsucht nach grüner Umgebung wurde immer stärker.

Dort entspannte ich mich, atmete tiefer, verlangsamte meinen Gang, beobachtete die Spatzen, die Enten mit ihren Küken oder die Kaninchen. Immer wieder lud ich so meine Batterien auf, von denen ich zuvor nicht einmal gewusst hatte, dass sie leer waren. Ich nahm den Himmel wahr, die Strahlen der Sonne, die sich auf dem Wasser und auf den Blättern reflektierten, sah fasziniert die Farbpracht der unterschiedlichen Bäume und Blumen, genoss den Duft der Blüten, den Geruch von Rasen und Erde und lauschte dem Gesang der Vögel.

Es ist nicht so, dass ich all das nicht auch vorher sah, aber nun spürte ich immer mehr die Kraft und Schönheit, die darin lag, und vergaß bisweilen, meinen eigenen Gedanken nachzugehen. Ich verband mich immer tiefer mit der Natur. Das Gehen im Grünen war erdend, beruhigend und klärend zugleich, und es brachte mich ins Jetzt, in die Gegenwart, in den Moment. Nichts anderes ist das Ziel der Meditation.

Es ist sicher kein Zufall, dass die Farbe Grün auch die Farbe des Herzchakras ist, jenes Energiezentrums in uns, das für bedingungslose Liebe steht. Diana Cooper, eine von mir sehr geschätzte Autorin, meinte einmal: »Bedingungslose Liebe urteilt nicht. Die Natur urteilt nicht. Es ist also kein Wunder, dass wir uns in der Natur sicher fühlen. Wenn wir uns in der Geborgenheit der Natur entspannen, können wir die Botschaften unseres höheren Selbst leichter wahrnehmen.«

Auf einem Retreat in Griechenland erfuhr ich erstmals bewusst die Wirkung eines Zen-Walks. Wir waren zu acht und spazierten eine Stunde schweigend durch die üppigen Olivenhaine der Peloponnes. Vorab war jeder aufgefordert, sich ein Thema, das ihn gerade beschäftigte, oder auch eine konkrete Frage für den Weg vorzunehmen, diese dann loszulassen und sich während des Gehens voll und ganz auf die Natur zu konzentrieren. Das Ziel war, präsent zu sein und mit allen Sinnen wahrzunehmen, was uns umgibt, statt im Geiste den Gedanken nachzujagen. Dabei hielt jeder einen gewissen Abstand zu seinem Vordermann, um ihm seinen Raum zu lassen. Sobald sich Gedanken einschlichen, richteten wir unseren Fokus auf eine blühende Pflanze, einen kraftvollen Olivenbaum oder das Meer, was auch immer sich unserem Blick gerade darbot. Zwischendurch blieb hin und wieder jemand stehen und berührte einen Stein, der Nächste hob einen besonders geformten Ast auf oder sog den Duft einer Blüte in sich auf, ein anderer wiederum lief für ein kurzes Stück einem wunderschönen Schmetterling hinterher. In diesem Zustand der Achtsamkeit begann die Natur mit uns zu kommunizieren, und alle nahmen es wahr, alle reagierten auf sie.

Die Gerüche wurden stärker, und die Farben intensivierten sich. Nie zuvor hatte ich so viele verschiedene Grüntöne wahrgenommen. Der Begriff Grün schien mir plötzlich so klein und begrenzend, nicht im Ansatz konnte dieses eine Wort die Vielfalt dessen wiedergeben, was sich mir hier offenbarte. Auch die Nuancen Hellgrün, Dunkelgrün, Smaragdgrün oder Mint halfen da nicht weiter. Auf diesem einen Gang waren mir bestimmt hundert verschiedene Grüntöne begegnet.

Auch fanden wir direkte Antworten auf unsere zuvor gestellten Fragen, und zwar in Form von Eingebungen, Impulsen oder auch Zeichen unserer Umgebung, die ihren Weg zu uns finden konnten, weil wir empfangsbereit waren. Der plappernde Geist hatte sich beruhigt, wir waren entspannt und unsere Sinne geschärft.

Sebastian erhielt ein überraschendes Zeichen von außen. Die Frage, ob er sich beruflich noch auf dem richtigen Weg befinde, beschäftigte ihn sehr. Nach fünfzehn Jahren Filmbranche waren Vision und Leidenschaft schon länger abgeflaut, und Sebastian war nicht besonders glücklich mit dieser Situation. Seine gut etablierte Firma jedoch einfach aufzugeben, ohne dass ein konkreter neuer Job auf ihn wartete, war keine einfache Entscheidung. Einerseits fühlte sich dieser Schritt für ihn konsequent und wahrhaftig an, andererseits kamen in Anbetracht der ungewissen Zukunft immer wieder starke Zweifel in ihm auf und beherrschten seine Gedanken. Plötzlich stand wie aus dem Nichts eine Leiter vor ihm. Herrenlos lehnte sie an einem Baum, ein dazugehöriges Haus, ein Schuppen oder ein Auto waren weit und breit nicht zu sehen. Es muss ein absurder Anblick gewesen sein, wobei diese Leiter mir selbst noch nicht einmal aufgefallen war, obwohl ich denselben Weg entlangmarschiert war.

Sebastian aber sah die Leiter, und sie löste in ihm ein tiefes Gefühl des Friedens aus. Innerlich hatte er sich bereits von seiner Firma getrennt, und nun spürte er, dass die Zukunft, was auch immer sie bringen würde, ihn wachsen ließe. Sprosse für Sprosse. Wichtig war jetzt, dem Herzen zu folgen, sich aus der Stagnation zu lösen und mutig auf neues Terrain zu begeben. Es konnte nur bergauf gehen. Welch eine schöne Bestätigung!

Die Erfahrungen des Zen-Walks nahm ich zurück nach Berlin und übertrug sie auf die morgendlichen Gänge mit Koukla, die uns meist an die Spree führten. Ich schaltete mein Handy auf lautlos und richtete die Aufmerksamkeit so gut es ging auf das, was die Umgebung mir präsentierte. Natürlich ist es ein Unterschied, ob man sich in der friedvollen Natur Griechenlands oder im hektischen Treiben einer Großstadt befindet. Aber ich stellte fest, dass sich auch dort Erdung, Ruhe, Antworten und eine weise Führung finden lassen. Und nicht nur das, auch der Austausch mit den Engeln begann eine neue Form anzunehmen.

Auf dieser Strecke – zwischen Museumsinsel und Schloss Bellevue, zwischen Ministerien, Bundeskanzleramt und Hauptbahnhof, zwischen Touristenströmen und Touristendampfern – habe ich Achtsamkeit gelernt und eine stetige Schulung der Sinne erlebt. Mit jedem Gang bewegte ich nicht nur meinen Körper, sondern trainierte auch mein Herz und damit gleichzeitig die Verbindung zu den Engeln. Ich lernte noch besser hinzuhören und hinzusehen, verstand die Engel von Mal zu Mal klarer, und mit der Zeit eröffneten sich mir immer tiefere Einsichten und Erkenntnisse. Das Empfangen von Zeichen, Impulsen und Inspirationen gehört nun ebenso zum festen Bestandteil meines Alltags wie die Kommunikation mit Mutter Erde, dem Wasser und der Natur. Schon lange ist unser Spreegang ein nicht mehr wegzudenkendes Ritual. Selbst wenn Koukla mal nicht dabei ist, weil sie mit ihren Kumpels im Wald herumtobt, gehe ich dennoch an die Spree, um aufzutanken oder weiter zu lernen.

Praxis

Unternimm einen Engelgang. Vielleicht hast Du eine konkrete Frage, die Dir auf dem Herzen liegt? Dann stelle sie Deinen himmlischen Begleitern, bevor Du losgehst. Du kannst die Engel auch ganz allgemein fragen: Was möchtet Ihr mich wissen lassen?

Und nun beginne mit dem achtsamen Gehen. Sei ganz präsent im Hier und Jetzt, und lass die Frage, die Dich bewegt, wieder los. Übergib sie den Engeln, und konzentriere Dich ab jetzt auf Deine Umgebung. Nimm sie mit allen Sinnen wahr. Spüre die Erde unter Deinen Füßen, achte auf Geräusche und Gerüche. Was siehst Du? Wenn Deine Gedanken abschweifen, kannst Du sie direkt wieder ins Jetzt holen, indem Du einen tiefen Atemzug nimmst und Deinen Blick auf etwas lenkst, was Dich umgibt. Auf einen Baum, auf eine Blume am Straßenrand, auf das glitzernde Sonnenlicht, das sich im Wasser spiegelt. Dabei atmest Du bewusst in tiefen Zügen. Geh einfach weiter, und lass Dich überraschen, auf welchem Wege die Antworten zu Dir kommen. Und nicht vergessen: Handy ausschalten!

Der Spreegang – mein Lichtgang

Auf diesen frühen Gängen machte ich unbewusst eine Art »Sungazing«, eine Bewusstseinsübung, die heilende und stärkende Energien freisetzt. »Sungazing« bedeutet, die Sonne anzuschauen oder sie fest im Blick zu haben, was ja automatisch passiert, wenn man einen schönen Sonnauf- oder -untergang bewundert.

Das klassische »Sungazing« entstammt den Überlieferungen alter Kulturen, die mit Zeremonien und Ritualen die heilende Kraft der Sonne huldigten. Dabei geht es um das direkte Aufnehmen von Sonnenlicht über die Netzhaut, sprich ohne Sonnenbrille. Da unsere Netzhaut viel zu empfindlich ist, dürfen wir dies zu Beginn auf keinen Fall länger als ein bis zwei Sekunden tun, und das auch nur bei Sonnenauf- oder -untergang.[1]

---

1 Es ist tatsächlich wichtig, hierbei Einiges zu beachten, um die Netzhaut zu schonen. Mehr Informationen zum »Sungazing« findest Du in dem Buch »Sonnenzeit – Aufbruch in eine neue Ära« von Dieter Broers, München 2013.

Tritt das Sonnenlicht über die Augen in das Gehirn ein, wird besonders die Medulla oblongata angesprochen, die zum Hirnstamm und damit zum Zentralen Nervensystem gehört. Von hier aus wird vieles gesteuert, was unwillkürlich abläuft, wie etwa die Atmung. Sie kann durch direkt aufgenommenes Sonnenlicht tiefer und regelmäßiger werden, und auch die Durchblutung wird angeregt. Zudem sorgt dieser Prozess für eine Stressreduktion, etwas, was sich viele von uns in der heutigen Zeit wünschen. Was mich jedoch am meisten an den Informationen über »Sungazing« faszinierte, war die Tatsache, dass aufgrund von regelmäßiger Lichtanregung auffällig mehr Neuronen gebildet werden, was wiederum schlummernde Gehirnpotenziale aktiviert. Mit anderen Worten: Durch solare Einflüsse erhöht sich nachweislich unsere Gehirnkapazität, was zur Erweiterung unseres Bewusstseins führt. In der Folge können wir ganz neue Fähigkeiten entwickeln und unsere übersinnliche Wahrnehmung steigern.

Das »Sungazing« ist wie gesagt eine jahrtausendealte Tradition, die sich über alle Kontinente hinweg bis ins heutige Zeitalter verfolgen lässt.

In Indien, Zentral- und Mittelamerika, bei den Ägyptischen Sonnenpriestern, im chinesischen Taoismus, in Europa bei den Alten Griechen und auch in den Schriften von Hildegard von Bingen wurde die besondere Bedeutung des Sonnenlichts hervorgehoben. Sie alle wussten um die komplexe, heilende und vor allem bewusstseinserweiternde Wirkung auf Körper, Geist und Seele und empfahlen, täglich eine Dosis Sonne zu tanken.

Auch wir wissen heute, dass Sonnenlicht wichtig ist, allein um uns mit dem für unsere Gesundheit maßgeblichen Vitamin D zu versorgen. Außerdem steigert es unsere Konzentrationsfähigkeit und sorgt für die Ausschüttung von Endorphinen, den Glückshormonen. Die heutige Forschung hat nachgewiesen, dass Sonnenmangel die Ursache vieler physischer und psychischer Krankheiten ist. Kurz, Sonnenmangel gilt als »moderne Zivilisationskrankheit«.

Natürlich wissen wir heute auch, dass wir es mit dem Sonnetanken auf keinen Fall übertreiben sollten. Aber in der sonnigen Mittagspause eine Viertelstunde um den Block zu laufen ist sicher eine zu verantwortende Dosis, für jede Gesundheit förderlich und ganz bestimmt stärkend für unseren Energiehaushalt.

Wenn Koukla und ich mit unserem Gang starten, zu welcher Tageszeit auch immer, begrüße ich stets die Sonne und danke ihr, dass ihr heilendes Licht all meine Zellen durchflutet. Das tue ich, auch wenn sie nicht sichtbar scheint. Und seitdem ich das Buch von Dieter Broers »Sonnenzeit – Aufbruch in eine neue Ära« gelesen habe, das mein Sonnenbewusstsein im wahrsten Sinne des Wortes erweitert hat, nehme ich im Laufe des Spaziergangs auch immer mal wieder meine Sonnenbrille ab.

Dann lade ich innerlich alle ein: die lieben Engel, meine Seele, die Quelle. Ich bedanke mich, dass diejenigen, die heute mit mir kommunizieren möchten, bei mir sind und mir im Laufe des Weges offenbaren, was gerade wichtig für mich ist. Diese Einladung schenkt mir direkt ein gutes Gefühl, denn ich weiß, ich habe Begleitung, und mich erwartet womöglich wieder eine spannende Erkenntnis.

Falls mich konkrete Anliegen beschäftigen – was meistens der Fall ist –, füge ich diese mit an. Momentan bitte ich zum Beispiel sehr oft um Führung und Klarheit beim Schreiben des Buches.

»Danke, geliebter Himmel, dass Du mir die nächsten Schritte offenbarst
und mir weiter Ideen und Inspirationen schenkst,
damit ich in einem freudigen Schreibfluss bleiben kann. Amen.«

Eine sehr, sehr lange Zeit habe ich auch um Heilung gebeten und den Gang stets mit dem Vorhaben gestartet, dass ich auf diesem Weg die Erde heilen möge und sie mich. Daraus hat sich ein fühlbarer und sehr besonderer Austausch entwickelt, der erdend, beruhigend und heilend zugleich ist.

Herzöffner 12: Verbinden mit Mutter Erde

Richte Dein Bewusstsein auf Deine Füße, und stell Dir vor, wie goldene Wurzeln aus ihnen wachsen und bis ins innere Zentrum, ins Herz von Mutter Erde reichen. Das Herz der Erde und Deine goldenen Wurzeln verbinden sich nun. Als Nächstes lenkst Du Deine Aufmerksamkeit nach oben in den Himmel und öffnest Dich für alles Licht, damit es durch Dich hindurchströmen kann. Dafür kannst Du einen Kanal oder auch einen überdimensionalen Trichter visualisieren, über den der Himmel strahlendes weißes Licht in Dich hineinfiltert und durch Dich hindurch bis ins Innere der Erde schickt.

In diesem Moment wirst Du zu einem Bindeglied zwischen Himmel und Erde und kannst innerlich darum bitten, dass jeder Schritt, den Du heute gehst, große Heilung bringen möge. Für Dich und für die Erde.

Nun beobachte, wie die Erde reagiert. Sie antwortet Dir über Dein

Gefühl. Sie lässt Dich ihre Energie spüren und schickt Dir über Deine Füße hinauf durch Deinen Körper Kraft, Energie und vor allem Erdung.

Dieser kleine Austausch dauert vielleicht eine Minute, und schon ist Eure Verbindung hergestellt.

Hallo, Luft

Die Luft begrüße ich ebenfalls und mache mir dadurch meinen Atem bewusst. Es ist wichtig, tief zu atmen, denn auf diese Weise übermittelt uns die himmlische Welt Informationen und schenkt uns Inspiration.

Das Wort Inspiration entstammt dem lateinischen Wort »spirare«, was so viel heißt wie »atmen, hauchen«. Zudem beinhaltet es das Wort »spirit«, auf Deutsch Geist. Wenn wir eine Inspiration haben, sind wir »in spirit«, mit dem höheren Geist verbunden und haben einen Erleuchtungsmoment, bei dem wir etwas »eingehaucht« bekommen. Also atme ich tief ein und aus und bin gespannt, was ich auf diesem Gang wohl wieder eingehaucht bekomme.

Oft danke ich auch der Luft, dass sie nur Gesundes und Gutes in mich hineinfiltert. Das kann im Sommer zwischen all den Spreedampfern eine echte Herausforderung sein.

Eines Tages, als auf der Spree wieder einmal Stau herrschte, die Abgase schon einen leichten Nebel bildeten und ich auf kleinstem Areal entrüstet acht Schiffe hintereinander zählte, vermittelten die Engel mir folgendes Bild, das mich augenblicklich aufheiterte: Sie zeigten, wie sie sich an jeden einzelnen Spreedampfer heften konnten, um wie ein Katalysator den stärksten Schmutz abzufangen und direkt in saubere Luft zu verwandeln. Es schien jedoch keine leichte Aufgabe, und ich hatte den Eindruck, dass die Reinigung dessen, was ungefiltert aus den Dieselmotoren herausgepumpt wurde, unseren himmlischen Helfern viel abverlangte. Sie tun es trotzdem, auch wenn nur drei Passagiere für eine Rundfahrt an Bord sind. Sobald ich die Dampfer sehe, habe ich immer dieses aufmunternde und beruhigende Bild vor Augen, wie die Engel sich mit aller Kraft für die Umwelt einsetzen.

Das Bewusstsein des Wassers

Inzwischen sind Koukla und ich schon eine Weile am Wasser unterwegs und haben jene Brücke erreicht, die am Hauptbahnhof vorbei auf die andere Seite der Spree führt. Dort nehme ich Koukla an die Leine. Sie weiß dann schon, was kommt, und mittlerweile ist ihr klar, dass es kein Entkommen von diesem Ritual gibt. Selbst wenn noch so viele verlockend duftende Essensreste herumliegen. Gemeinsam stellen wir uns ans Geländer, und ich beginne die Spree zu segnen, oder vielmehr das Wasser der Erde.

Ja, ich stelle mich tatsächlich, auch inmitten des Trubels, mit ausgestreckten Händen ans Wasser, schließe die Augen und schicke einen Heilsegen... Und ja, es ist mir bisweilen schon ziemlich peinlich gewesen. Gemacht habe ich es trotzdem. Und Koukla ebenfalls. Sie hat das Ritual inzwischen so verinnerlicht, dass sie lustigerweise immer an genau der Stelle anhält, sich hinsetzt und auf die Spree starrt. Ganz gleich, mit wem sie unterwegs ist und wie eilig derjenige es gerade hat.

Aber bevor ich Dich jetzt endgültig verliere, weil Du mich und unseren Hund für völlig verrückt hältst, möchte ich kurz etwas zum Thema Wasser sagen, was mich das Buch »Die Botschaft des Wassers« von Dr. Masaru Emoto gelehrt hat. Eine für mich bahnbrechende Entdeckung und definitiv eines meiner Lieblingsbücher, das ich übrigens auch gerne verschenke, da es sich um einen wunderschönen Bildband voller Weisheit handelt.

Darin zeigt der weltbekannte japanische Forscher die Ergebnisse seiner Untersuchungen, mit denen er vor Jahren für allgemeines Aufsehen und einen Durchbruch in der Wissenschaft sorgte. Heute gilt Dr. Masaro Emoto als Pionier in der Erforschung des Wassers und des menschlichen Bewusstseins. Mit einem Elektronenmikroskop hatte er damals Aufnahmen von gefrorenem Wasser gemacht und konnte anhand der sich formenden Kristalle eine Aussage darüber treffen, in welchem Qualitätszustand sich das Wasser befand. Je nach Reinheit und Sauberkeit nahmen die Kristalle beeindruckend schöne und anmutige Formen an, oder aber sie zeigten zerbrochene, deformierte Strukturen, wenn es sich um besonders schmutziges Wasser handelte.

Darüber hinaus zeigten die Experimente, dass auch Musik, Sprache oder sogar Schriftzeichen erheblichen Einfluss auf das Wasser hatten. Bei klassischer Musik bildeten sich harmonisch geordnete und wunderschöne Kristalle, auf aggressives Heavy Metal reagierte das Wasser hingegen mit zerbrochenen und chaotischen Formen, bei denen jegliche geometrische Ordnung aufgelöst schien.

Noch eindrucksvoller war die Reaktion des Wassers auf Sprache. Destruktive Worte brachten, wie Heavy Metal, chaotische Muster hervor, auch wenn es sich bei einem Experiment nur um das Wort Dummkopf handelte. Es reichte, um die Kristalle zu zersprengen und vollkommen deformiert wirken zu lassen. Entsprechend verstärkt war die Reaktion auf »Du machst mich krank«.

Worte der Liebe, des Friedens oder der Harmonie dagegen kreierten wunderschöne und symmetrische Formen. Nach Untersuchungen in sechzig verschiedenen Sprachen, kam Emoto auf ein und dasselbe Ergebnis: Die Worte »Liebe« und »Dankbarkeit« sorgten stets für die schönsten und anmutigsten Kristalle.

Was bedeutet Emotos Experiment? Es belegt, dass Wasser offensichtlich die Eigenschaft besitzt, Informationen aufzunehmen und darauf zu reagieren. Klänge, Schriftzeichen, Worte und selbst Gefühle oder Gedanken übertragen sich auf das überlebenswichtige Element und können es verändern.

Mit anderen Worten: Emotos Wasserkristall-Fotografien liefern einen wissenschaftlichen Beweis dafür, dass sich Materie durch unseren menschlichen Geist beeinflussen lässt. Sie offenbaren, in welcher Form das Wasser alle Worte, Gedanken und Gefühle, die in seiner Anwesenheit ausgedrückt werden, kopiert und in eine für uns sichtbare Form bringt. Spannend, nicht wahr?

Und ebenso spannend finde ich, dass nicht nur die Erdoberfläche zu siebzig Prozent mit Wasser bedeckt ist, sondern wir selbst auch zu rund siebzig Prozent aus Wasser bestehen.

Teile davon befinden sich in den Körperflüssigkeiten, in oder zwischen den Organen, der Hauptanteil ist jedoch intrazellulär gespeichert. Das heißt, jede einzelne Körperzelle besteht überwiegend aus Wasser. Wasser ist nicht nur Lebenselixier und das bestimmende

Element, es ist der »Hauptinhaltsstoff« unseres Körpers. Bedenkt man Dr. Emotos Erkenntnisse, bedeutet das, dass alles, was wir über uns selbst sagen oder denken, ein direktes Muster in unseren Zellen abbildet. Unsere Körperzellen folgen einfach allen Anweisungen und Botschaften. Ebenso verhält es sich mit unseren Gedanken oder Worten allen Mitmenschen gegenüber.

Positiv Denken! Wir haben es unzählige Male gesagt bekommen, haben wahrscheinlich Bücher über Bücher zu dem Thema gewälzt und sind unter Umständen tiefer in die Themen von (Selbst-)Liebe, Mitgefühl und Achtsamkeit eingestiegen.

Emotos Kristalle offenbaren eine zusätzliche Dimension, die uns zeigt, wie wichtig es ist, sich bewusst zu machen, was wir über uns selbst und andere denken oder sagen.

Praxis

Hier eine kleine Achtsamkeitsübung, wie Du feststellen kannst, was Dir durch den Kopf geht und Dich beschäftigt.

Beobachte (oder noch besser notiere) einen Tag lang alle Gedanken und Worte, die Du Dir selbst wie auch anderen gegenüber hegst. Sehr wahrscheinlich wirst Du schon am Morgen einem inneren Kritiker begegnen, der mit allen Mitteln versucht, Dir den Start in den Tag zu vermiesen. »Ich bin mal wieder viel zu spät dran.« – »Ich sehe einfach fix und fertig aus.« – »Mist, ich wollte doch eigentlich fünf Minuten meditieren, nicht mal das krieg ich hin.« Wir sind so an diese Stimme gewöhnt, dass uns meist nicht bewusst ist, wie sehr wir uns selbst boykottieren. Das Gleiche gilt für unsere Gedanken unseren Mitmenschen gegenüber.

Es ist in Ordnung, verurteilen wir uns nicht dafür. Es wäre nur eine Bewertung mehr. Eine Kritik an dem inneren Kritiker, mit der wir ihn zusätzlich füttern. Aber durch unser Beobachten entlarven wir ihn und können ihn stoppen. Zumindest für den Moment. Wir können den negativen Gedanken »anhalten« und uns bewusst auf etwas anderes, Positives konzentrieren. Je öfter wir dies tun, desto leichter wird es uns fallen.

Diese kleine Übung der Achtsamkeit lohnt sich!

Aus Erfahrung kann ich sagen, das Ergebnis kann ziemlich überraschend ausfallen.

Emotos Kristallfotografien spiegeln wider, wie unser körperlicher Hauptinhaltsstoff auf unseren Umgang mit uns selbst und anderen reagiert. Entsprechend lautet das Fazit des Wissenschaftlers: »Es gibt wirklich nichts Wichtigeres auf der Welt als Liebe und Dankbarkeit. Indem man Liebe und Dankbarkeit ausdrückt, verändert sich das Wasser in uns und um uns.«

Aber nun zurück zur Spree, wo Koukla und ich gerade am Geländer stehen und ich im Begriff bin, einen Segen zu schicken. Vielleicht konnte der kleine Exkurs bewirken, dass Du der Idee, dem Wasser positive Gedanken zu senden, jetzt anders begegnest?!

Wasser segnen

Bei Bekannten habe ich einen Wassersegen in Form eines Gebets kennengelernt, mit dem sie jeden Morgen das Wasser »besprechen«, das sie den Tag über trinken. Ihre Angewohnheit, nicht nur der Nahrung, sondern auch dem Wasser gegenüber Dankbarkeit auszudrücken, gefiel mir so sehr, dass ich sie mit auf meine täglichen Gänge genommen habe.

Statt morgens zu Hause meine Wasserkaraffen zu segnen, schicke ich meine Aufmerksamkeit in Form von lichtvollen Gedanken und Dankbarkeit in die Spree, in die Elbe oder andere Gewässer. Ob Fluss, Meer oder Ozean, sie alle symbolisieren in diesem Moment für mich das gesamte Wasser der Erde.

Hier ist der Segen:

»Liebes Wasser, ich bitte Dich von Herzen um Vergebung für alles, was wir Menschen Dir antun.

Meine liebe Seele,
ich bitte Dich, lass Dein Licht und Deinen Segen jetzt in mein Herz strömen.
(An dieser Stelle stellst Du Dir vor, wie Dein Herz sich füllt.)
Durchströme mich nun vollkommen mit Deiner Liebeskraft und mache das Wasser zur Lichtmedizin.

Liebes Wasser, ich danke Dir, dass Du uns Menschen reinigst, erfrischst und nährst. Sei gesegnet als Lichtmedizin. Ich bitte Dich, nimm die Lichtkraft meiner göttlichen Seele nun zu Dir. Sei gesegnet, sei gesegnet, sei gesegnet!«

Es funktioniert natürlich auch jeder andere Satz. Bei diesem Segen geht es allein darum, Deine Gedanken auf das Wasser zu richten und diesem überlebenswichtigen Element Licht und Dankbarkeit zu schicken.

Während ich diese Worte innerlich sage, lehne ich die Arme auf das Geländer und halte die Hände über das Wasser, mit den Handflächen nach unten gerichtet. Dabei stelle ich mir vor, wie das Licht von meinem

Herz aus meine Arme entlang zu den Händen fließt und durch sie hindurch ins Wasser strömt. Vor meinem inneren Auge ergießt sich das Licht über die Oberfläche der Spree und bildet kleine strahlende Wellen. Nach und nach breitet sich das Licht immer weiter aus und bedeckt bald den gesamten Fluss, bis er nur noch aus gold-weiß glitzerndem Wasser besteht. Schließlich fließt das strahlende Licht weit über die Spree hinaus, erreicht die Meere und erstreckt sich bald von Ozean zu Ozean. Der Segen schließt stets mit dem gleichen Bild: unsere Erde mit ihren Kontinenten, die umgeben sind von reinem Wasser. Der blaue Planet wirkt nun wie ein strahlender Lichtplanet.

Je nach Tagesform kann ich währenddessen eine kraftvolle, kribbelnde Wärme wahrnehmen, die aus meinen Händen pulsiert. An einem kalten Wintertag konnte ich die Energie so stark spüren, dass meine Hände wellenartig nach oben und unten bewegt wurden. Ich war völlig irritiert und vermutete, es sei eine plötzliche Windbö vorbeigezogen. Erst als ich meine Handschuhe auszog, die Hände in die Luft hielt und feststellte, dass nicht der leiseste Hauch einer Brise wehte, konnte ich glauben, dass dieser Energieschub tatsächlich aus meinen Händen geströmt war.

Später lernte ich, dass jeder von uns »heilende Hände« besitzt. Die Fähigkeit zu heilen ist uns allen zu eigen, und es handelt sich dabei um einen ganz normalen und natürlichen Vorgang. Manche sprechen von »Handauflegen«, als wäre es etwas Außergewöhnliches und nur besonderen Menschen vorbehalten. Doch wenn uns etwas wehtut, legen wir automatisch eine Hand auf die betreffende Stelle, damit es uns oder anderen besser geht. Das tut jeder, denn es ist ganz natürlich. Eltern legen ihren Kindern intuitiv die Hand auf den Kopf, wenn sie sich dort gestoßen haben.

Antworten des Wassers

Momente wie an der Spree, als ich die Energie aus meinen Händen strömen spürte, gelingen nicht immer, aber wenn, dann gibt es faszinierende Dinge zu erleben. Völlig unverhofft kamen mir schon Geistesblitze oder Ideen, und nicht selten habe ich mein iPhone hervorgeholt, um die Impulse schnell aufzunehmen. Die nächsten Schritte für das Buch offenbarten sich mir, oder ich erhielt Antworten auf Fragen, die schon lange in mir brannten.

Ein besonders bewegendes Erlebnis war, als ich plötzlich wusste, dass das Wasser mich gerade heilte. Während des Segnens hatten wir die gleiche Schwingung eingenommen. Es schien, als würden sich alle Zellen meines Körpers und das Wasser unter mir in Harmonie mit der göttlichen Frequenz befinden, als würden wir in der universellen Einheit schwingen. Irgendwann merkte ich, dass ich tatsächlich schwingend am Geländer stand. In dem Moment hörte ich eine Stimme, die mir klar und deutlich sagte: »Alexandra, Du hast gerade einen Etappensieg auf Deinem Heilungsweg erreicht. Wir lieben Dich, Du gesegnetes Wesen.«

Mit Tränen in den Augen stand ich da und konnte mich eine Viertelstunde lang nicht vom Fleck rühren. Demut und Dankbarkeit übermannten mich. Wahrscheinlich hätte Emoto jetzt viele wunderschöne Kristalle in mir und vor mir fotografieren können.

Ich habe schon viel während des Segnens erlebt. Immer wieder schien sich dabei eine Tür in meinem Herzen zu öffnen, die einen direkten Zugang zur kreativen Quelle in mir und dem gesamten Universum ermöglichte. Himmlische Botschaften erreichten mich mit einer ausgesprochenen Klarheit, und ich empfand tiefen Frieden und Glückseligkeit.

Oder aber es sprang just in dem Moment, in dem ich die Augen wieder öffnete, direkt vor meiner Nase ein Fisch aus dem Wasser. Das ist schon öfter geschehen, und jedes Mal hat es mir große Freude bereitet. Schließlich ist die Spree nicht gerade für ihre Fischvielfalt bekannt, zumindest nicht mitten in Mitte.

Es gab schon alle möglichen Zeichen, die auf den Segen folgten. Eine einzige, perfekt geschwungene weiße Feder, trocken auf dem Wasser schaukelnd, und weit und breit kein dazugehöriger Vogel. Goldene Lichtreflexionen der Sonne, die mir genau ins Auge strahlten, obwohl der Himmel vor zwei Minuten noch vollkommen bewölkt war. Die Reaktionen des Wassers sind sehr kreativ, und sie alle machen mir immer wieder bewusst, wie sehr das Wasser unsere Aufmerksamkeit braucht.

Und während ich dort, kurz vorm Hauptbahnhof, am Geländer lehne und mein kleines Ritual durchführe, durchströmt mich immer wieder das warme Gefühl, dass ich damit nicht nur das Wasser der Spree, sondern auch das Wasser in mir segne. Ähnlich wie zu Beginn des Spaziergangs, wo ich eine Verbindung mit Mutter Erde aufnehme, bedeutet diese Station für mich einen weiteren Moment der gegenseitigen Heilung, den ich mal meditativ, mal lächelnd oder eben auch zu Tränen gerührt erlebe.

Allerdings habe ich keine Ahnung, wie die Menschen, die währenddessen an mir vorbeilaufen oder auf voll besetzten Spreedampfern in zwei, drei Metern Entfernung an mir vorbeifahren, auf diesen seltsamen Anblick reagieren. Das Gute ist, ich bekomme es sowieso nicht mit, denn meine Augen sind ja geschlossen. Das macht es irgendwie auch weniger peinlich für mich.

Eines Morgens fotografierte ein Journalist Koukla und mich während des kleinen Rituals, ohne dass ich es mitbekam. Als er mich anschließend ansprach und mir später wunderschöne Fotos zuschickte, waren meine Schamgefühle einigermaßen kuriert.

Mein Herz grüßt Dein Herz

Das ist auch gut so, denn haben Koukla und ich erst einmal die Brücke überquert und sind wieder unten an der Spree, treffe ich auf (m)eine Trauerweide, an der ich nie ohne eine Umarmung vorbeilaufe.

O.k., ich gebe zu, wenn ein vorbeilaufender Jogger ein bisschen zu gut aussieht oder besonders coole Hundebesitzer vorbeischlendern, kann es manchmal auch nur eine Berührung des Stammes oder ein Streichen über die großen hängenden Äste sein. So schambefreit bin ich anscheinend doch noch nicht. Trotzdem, es vergeht kein Gang, ohne dass ich die Trauerweide nicht mit den Worten begrüße, die die Engel mir in einer Meditation zur Heilung der Erde vermittelt haben:

»Mein Herz grüßt Dein Herz.«

Ähnlich wie das Wasser reagieren auch Bäume auf uns. Und wir natürlich auf sie.

Ein besonderes Erlebnis hatte ich mit der großen Buche, die im Garten meiner Eltern in Hamburg steht. Ein stattlicher Baum von gut hundert Jahren, der das Haus weit überragt und schützend seine Äste über ihm ausbreitet. Im Sommer bietet die Buche kühlenden Schatten, Eichhörnchen jagen ihren Stamm rauf und runter, unzählige Vögel nehmen in ihrer stolzen Baumkrone Platz und geben schönste Konzerte, während das Rauschen des Windes durch ihre Blätter ein konstantes Hintergrundgeräusch bildet. Die Buche hat eine weise, kraftvolle Präsenz, sie ist der stille Wächter von Haus und Garten.

Plötzlich hieß es, sie sei krank. Große dunkle Stellen an Stamm und Ästen hatten sich gebildet, und meine Eltern wie auch die Baumexperten, die extra konsultiert wurden, waren nicht sicher, ob sie es schaffen würde. Die Gesundheit der Buche wurde als ernsthaft gefährdet eingestuft. Als ich davon erfuhr, war ich bestürzt. Mithilfe der Engel schickte ich direkt eine heilende Lichtkugel und begann mit dem Baum zu kommunizieren. Das Haus ohne ihren Wächter war einfach nicht vorstellbar. Dann bat ich die himmlischen Kräfte, dass sie dem Baum über mein Herz und durch meine Hände hindurch Heilung schicken mögen. Außerdem bat ich die Buche, sich voll und ganz auf die Heilung einzulassen. Ich empfand sie von Anfang an nicht als krank; zwar nahm auch ich die dunklen Stellen wahr, sie waren nicht zu übersehen, aber ich fühlte keine Sorge. Stattdessen konzentrierte ich mich auf ihren kraftvollen Stamm und die prachtvolle, rauschende Baumkrone.

An jedem Tag, den ich in Hamburg verbrachte, ging ich zu ihr, legte die Hände auf ihren Stamm, sprach meinen Herzenssatz »Mein Herz grüßt dein Herz« und redete mit ihr. Auch meine Eltern schickten ihr auf Anraten des Baumexperten täglich ein Gebet oder liebevolle Worte.

Nach ungefähr einem halben Jahr kam ich wieder. Es hieß, keine der offiziellen Baumbehandlungen, die in der Zwischenzeit unternommen worden waren, hätten angeschlagen, und die Lage sei nach wie vor ungewiss. Traurig ging ich zu ihr, um sie zu begrüßen. Zu meiner großen Überraschung stellte ich fest, dass genau an jener Stelle des Stammes, an der ich immer meine Hände aufgelegt hatte, nun ein Herz zu sehen war. Die Buche hatte mir geantwortet! Und das nicht irgendwie, sondern mit einem Herzen! Du kannst Dir vorstellen, wie sehr ich mich über diese Entdeckung freute.

An einem der folgenden Tage, ich war gerade in der oberen Etage, schaute ich aus dem Fenster und erblickte ein riesiges Lächeln, das sich wie ein Smiley quer über den Stamm ausbreitete. Unglaublich, die Buche lächelte mich tatsächlich an. Tat sie das etwa schon länger? Ich wusste es nicht. Ich entdeckte es erst jetzt und lächelte glücklich zurück. Direkter und schöner hätte sie nicht kommunizieren können.

Seitdem lächeln wir uns bei all meinen Hamburgbesuchen zu, unsere Herzen begrüßen einander, und die dunklen Stellen sind immer kleiner geworden. Die Buche ist so gut wie geheilt.

Praxis

Vielleicht begegnest Du demnächst auch einem Baum oder einer Pflanze, die eine besondere Anziehung auf Dich ausübt oder Dir einfach sehr gefällt?

Dann probiere Folgendes aus:

Nimm Kontakt auf mit den Worten: »Mein Herz grüßt Dein Herz.«

Fokussiere Dich dabei auf Dein Herz, und halte einen Moment inne. Beobachte, wie Deine Aufmerksamkeit den Herzraum größer werden lässt. Stell Dir vor, wie dieser sich nun mit Licht anfüllt und mit jedem Atemzug weiter wird, bis das Licht sich über Deinen Körper hinaus auf den Baum überträgt. Ihr seid nun miteinander verbunden.

Du kannst dem Baum danken für die Kraft, die Weisheit und die reinigende Energie, die er Dir in diesem Moment schenkt. Wenn Du eine Frage hast, kannst Du diese innerlich stellen und beobachten, ob

Du eine Reaktion spürst. Bleibe auch hier offen, wie und wann Dich eine Antwort erreicht. Vielleicht fällt Dir ein Zeichen im Außen auf, oder es entsteht ein innerer Impuls, eine Ahnung, oder Du erhältst womöglich eine Information, die Dir völlig neu ist. Meine Erfahrungen haben mir immer wieder gezeigt, dass in den Momenten, in denen ich überhaupt keine Erwartungen hegte, besonders deutliche Antworten kamen.

Früher wäre die Strecke entlang der Spree definitiv meine Joggingroute gewesen, nun spaziere ich eine regelrechte Lichtstraße entlang. Jedes Mal werde ich aufs Neue überrascht. Und abgesehen davon, dass ich geerdet und gereinigt zurückkehre, assoziiere ich diesen Gang inzwischen so sehr mit Heilung, Erwachen und Ideen, mit großen und kleinen Gesprächen mit der himmlischen Welt, dass tatsächlich jedes Mal etwas Besonderes geschieht.

Herzöffner 13: Engelort des Friedens

Etwas Besonderes kann Dir auch bei diesem Herzöffner geschehen, und dafür brauchst Du noch nicht einmal nach draußen gehen. Inspiriert von Diana Cooper, habe ich mir zu Hause einen Platz gesucht, an dem ich nur positive Gedanken und Gefühle habe – einen Ort des Friedens. Nicht zu verwechseln mit meiner Meditationsecke.

Für den Ort des Friedens habe ich einen großen Sessel auserkoren, der in meinem Arbeitszimmer direkt neben dem Bücherregal steht. Passenderweise lautet sein offizieller Name »Lovechair«. Sobald ich mich dort hineinsetze, lasse ich ausschließlich liebevolle und friedliche Gedanken zu. Oder ich lasse mich dort nieder, wenn ich besonders glücklich und dankbar bin, trinke einen Tee und freue mich.

Sebastian hat sich zu Anfang oft in den Sessel hineingepflanzt und wollte mir dies und das von seinem Tag erzählen – was bei ihm nicht so gut gelaufen ist, wer sich komisch verhalten hat und so weiter. Jedes Mal habe ich ihn unterbrochen und aufgefordert, sich woanders hinzusetzen und dort weiterzuerzählen. Schließlich hatte der Sessel eine besondere Funktion, auch wenn es zugegebenermaßen ein Möbelstück mitten in unserer Wohnung ist. Aber Tempel ist Tempel! Irgendwann hatte Sebastian es verstanden, und nun setzen wir uns auch gern zusammen hinein. Immer dann, wenn es etwas besonders Schönes zu berichten gibt.

Das führt dazu, dass dieser Sessel für mich absolut positiv assoziiert ist, und ich weiß, dass die Engel diesen Ort des Friedens lieben. Es ist ein Ort ihrer Frequenz. Sitze ich in dem Sessel, können sie mich besonders leicht erreichen. Entsprechend oft habe ich dort schon große Aha-Momente und tiefe Glückseligkeit erlebt. Es waren sogar Erleuchtungsmomente dabei. Inzwischen ist es so, dass oft schon der Anblick des Sessels reicht, um mich in gute Laune zu versetzen. Der Ort des Friedens ist für mich klar mit positiven Gefühlen verknüpft, und während ich diese Zeilen schreibe, lassen die Engel mich wissen, dass sich gleich mehrere auf dem Sessel tummeln und mir fröhlich zuwinken.

Praxis

Suche Dir einen Ort in Deinem zu Hause, wo Du Dich wohlfühlst. Eine Ecke oder einen kleinen Platz, an dem Du ausschließlich positive Gedanken und Gefühle hast. Lass den Platz wirklich zu einem Ort des Friedens werden, an dem auch die Engel sich wohlfühlen.

Ebenso kannst Du einen Ort des Friedens außerhalb Deines Zuhauses kreieren. Dazu brauchst Du kein stilles Plätzchen in der Natur zu suchen. Im Gegenteil, ein bewusster Ort des Friedens mitten in der Stadt kann sehr kraftvoll sein, und das nicht nur für Dich. Meiner liegt beispielsweise an der Friedrichstraße, einer der großen Haupt- und Einkaufsstraßen, die quer durch Berlin-Mitte führen. Dort habe ich spontan einen Platz in einer überdachten Passage ausgesucht, kurz vor meinem Lieblingsbuchladen. Nicht gerade ein ruhiges Fleckchen. Aber jedes Mal, wenn ich dort entlanggehe, auch inmitten von Menschenmassen oder hektischem Weihnachtsgetümmel, halte ich einen Moment inne. Ich konzentriere mich auf etwas Liebevolles und muss direkt lächeln. Ich kann die friedliche Engelsenergie dieses Ortes tatsächlich immer spüren.

Wähle Dir einen Ort des Friedens. Natürlich können es auch mehrere Orte sein. Auf dem Weg ins Büro, zum Arzttermin oder beim nächsten Einkauf. Wo auch immer Dich ein Fleckchen anlacht, setze dort einen Samen des Friedens und dann lass ihn wachsen und sprießen. Du kannst ihn hegen und pflegen, indem Du jedes Mal ein kurzes Lächeln oder einen positiven Gedanken dorthin sendest, wenn Du daran vorbeikommst. Du wirst sehen, dieser kleine Ort wird Dir Spaß machen und Dich sogar beim üblichen Gang zum Supermarkt aufheitern.

Je mehr Friedensorte, desto mehr Friedensengel und desto stärker die Energie des Friedens.

Lass dein **Licht** strahlen

Wir sind nun fast am Ende unserer Reise angekommen, ein wunderbarer Moment, Dich von nun an noch mehr Deinem eigenen Licht zu öffnen, Deinem Herzen zu folgen und Dich dabei von der grenzenlosen Liebe Deiner Begleiter unterstützen zu lassen.

Dafür brauchst Du weder Heiler zu werden noch Engelbücher zu schreiben. Die Engel wünschen sich, dass Du sie in Deinen Alltag mitnimmst und sie dort integrierst, wo Du sie persönlich brauchst. Wenn Du Architekt bist, kannst Du gemeinsam mit ihnen Häuser bauen. Ein Modedesigner kann ihr himmlisches Licht mit in die Kreationen fließen lassen. Eine Mutter oder ein Vater kann mit himmlischer Unterstützung fürsorglich die Kinder großziehen. Ein Arzt kann mithilfe der Engel Patienten heilen, und wenn Du Artikel oder Bücher schreibst, lade ein himmlisches Autorenteam ein, und bitte es, Dich zu inspirieren, um lichtvolle Worte zu finden. Ein Schauspieler kann seine Engel immer mitnehmen und die Rollen zu Lichtrollen werden lassen, sodass jeder Zuschauer von himmlischer Liebe berührt wird.

Die Frage ist nicht, was wir tun, sondern allein,
wie wir es tun.

Was auch immer Deine Aufgabe hier auf Erden ist, lass sie gemeinsam mit Deinen himmlischen Freunden zu einer freudigen, erfüllenden und vor allem lichtvollen Erfahrung werden. Je mehr Menschen sich für diese Möglichkeit öffnen, desto größer wird die Chance, dass wir eines Tages auf einem friedlichen Planeten leben werden. Auf einer Erde, auf der sich alle Völker gleichermaßen schätzen, respektieren und in harmonischem Einklang miteinander wie auch mit der Natur leben.

Meine Vision ist, dass eines Tages alle Menschen ganz selbstverständlich Hand in Hand mit ihren Engeln und anderen himmlischen Begleitern durchs Leben gehen und in Freude den Plan ihrer Seele auf Erden verwirklichen. Dann werden wir alle erfahren, dass der Himmel nicht irgendwo im Außen liegt, sondern im Innen eines jeden Einzelnen von uns.

Allerdings, worauf noch warten? Lass uns am besten jetzt gleich beginnen!

Denke noch einmal an einen Wunsch, den Du hast, und zwar an etwas, das Dir schon lange auf der Seele brennt. Jetzt ist ein idealer Zeitpunkt, die Engel um Hilfe zu bitten.

Lade Deine himmlischen Freunde ein, und bitte sie, Dich bei der Erfüllung Deines Herzenswunsches zu unterstützen. Stelle Dir vor, wie sie Dir alle Schwierigkeiten abnehmen und Ihr Euch gemeinsam über das gelungene Ergebnis freut. Es freut Dich sogar so sehr, dass Du laut jubelst.

Jetzt strahlst Du und wirst selbst zu einem hell leuchtenden Lichtwesen.

Hab Vertrauen, genieße diesen Moment, und lass Dich noch einmal, bevor Du das Buch nun schließt, von Deinen Engeln in Freude und Leichtigkeit versetzen. Jetzt gleich, einfach so, weil es Dir – und damit uns allen – guttut.

Als Abschiedsgeschenk für Dich habe ich hier noch zwei Herzöffner, die meinen Freunden und mir schon viel Freude bereitet haben.

Herzöffner 14: Musik

Nie werde ich mein erstes Engelkarten-Reading vergessen. Es war unglaublich aufregend, und alle drei gezogenen Karten – eine für meine Vergangenheit, eine für die Gegenwart und eine für die Zukunft – trafen voll zu, sodass ich tief gerührt einen Gänsehautschauer nach dem anderen erlebte. Und dann gab es noch eine Karte, die während des Mischens herausgefallen war. Auf der Karte stand Musik. Die Person, die das Reading damals für mich machte, sprach ihr eine ganz besondere Bedeutung zu, Musik sollte noch eine entscheidende Rolle in meinem Leben spielen ... Und genau das tut sie nun.

Musik war auch vorher schon wichtig für mich, keine Frage. Ich habe es geliebt, auf Konzerte und Festivals zu gehen, war lange mit einem Musiker liiert und gehe noch heute leidenschaftlich gerne tanzen. Allerdings hat sich der Inhalt der Musik in den letzten Jahren ziemlich stark verändert. Haben mich damals elektronische Bässe tanzend in Trance versetzt, sind es heute Harmonium und Gesänge auf Sanskrit, die mich in einen Freudentaumel bringen. Von Elektro zu Kirtan. Was für eine Transformation.

Kirtan-Musik hören, Sanskrit-Mantren singen und dazu tanzen ist einer meiner stärksten Herzöffner.

Kirtan? Sanskrit? Mantren?

Kirtan ist eine der ältesten heiligen Musiktraditionen der Welt, die ihren Ursprung in Indien hat. Es handelt sich dabei um einen sogenannten Wechselgesang spiritueller Lieder, bei dem eine Person etwas vorsingt und die Anwesenden es dann wiederholen. Gesungen wird traditionellerweise auf Sanskrit, der wohl ältesten Sprache der Menschheit, die heute noch in Gebrauch ist. Aber es gibt auch Lieder auf Englisch und in anderen Sprachen. Die Silben, Worte oder Zeilen eines Verses haben die Bedeutung von heiligen Energien oder auch Gottheiten. Wenn Du also etwas singst oder chantest (rezitierst), verbindest Du Dich mit diesen heiligen Energien, und ihre Kraft wirkt auf Dich, durch Dich und für Dich.

Dabei ist es nicht nötig zu verstehen, was oder auch wen Du besingst. Im Gegenteil, je weniger ich mir der Bedeutung bewusst bin, desto stärker kann ich mich auf die Wirkung einlassen. Das fällt mir bis heute nicht schwer, denn trotz jahrelanger Yogapraxis (im westlichen Sinne, denn an sich umfasst der Begriff Yoga verschiedene Wege, die sich nicht nur auf die körperliche Praxis beschränken) kenne ich mich mit der indischen Kultur nicht sehr gut aus. Auch war ich bisher noch nicht in Indien, was ebenfalls ungewöhnlich für einen leidenschaftlichen Yogi ist. Mein Weg hat mich bisher weder theoretisch noch geografisch dorthingeführt, das hält mich jedoch nicht davon ab, die Musik und ihre tiefe positive Wirkung zu erfahren.

Sicherlich wäre es spannend zu wissen, welche Gottheit für was genau zuständig ist und welches Mantra welche Art von Heilung bewirken kann. Aber bisher verlasse ich mich auf mein Herz und höre und singe die Songs, nach denen mir gerade ist. Schon öfter habe ich mir überlegt, dass ich gern wüsste, warum ich ausgerechnet ein ganz konkretes Mantra zwei Wochen am Stück am liebsten höre, vergesse dann aber jedes Mal wieder, die heiligen Silben und Worte zu recherchieren.

Schließlich ist ein Mantra Teil einer energetischen Sprache und nicht einer Sprache, die vom Verstand kreiert wurde. Du musst sie nicht verstehen, um sie zu gebrauchen. Mantren funktionieren auf der zellulären Ebene. Wie ein universeller Code, der uns alle verbindet. Wir alle sind Schwingungswesen, und unser Körper bildet den Resonanzraum. Das bestätigt auch die Wissenschaft inzwischen immer mehr. Jeder einzelne von uns schwingt in einer unterschiedlichen Frequenz, und diese Frequenzen verändern sich, je nachdem, was wir tun, sagen oder denken.

Wenn wir gemeinsam heilige Mantren hören und singen, gleichen sich die unterschiedlichen Schwingungen unserer Zellen mehr und mehr aneinander an und schwingen irgendwann synchron auf einer gemeinsamen Frequenz. So entsteht eine andere Art der Kommunikation, auf einer anderen Ebene. Wir kommunizieren miteinander in einer Sprache, die universell ist, auf die alle Menschen reagieren, die alle verstehen. Es ist die Sprache des Herzens.

Die Frequenzen der jahrtausendealten Musik bringen also unsere Zellen und Zellzwischenräume im Körper zum Schwingen. Dabei geht es allein um den Klang, nicht um die Bedeutung oder das Verstehen. Klang besteht aus Schwingung, und Schwingung ist Energie. Zum Beispiel gibt das Sanskritwort »Ananda« die Klangschwingung von Glückseligkeit wieder. Anders herum gesagt: Ananda ist die Energie von Glückseligkeit als Klang. Wir nennen diese Energie Glückseligkeit, um sie zu verstehen. Aber indem wir sie benennen, begrenzen wir sie. Wenn wir das Mantra einfach hören, singen oder chanten, kann es in uns schwingen und für uns wirken.

Mantren haben eine heilende und erbauende Wirkung auf uns, sie transformieren uns. Ihre Kraft entfaltet sich durch das stetige Wiederholen, laut oder auch leise, in Gedanken. Das Wort Mantra setzt sich zusammen aus den Sanskritsilben »man« und »tra«. Diese leiten sich von »manas«, Geist, und »trajate«, befreiend, ab. Mit anderen Worten, Mantren befreien den Geist von Gedanken und sind daher auch eine wunderbare Art der Meditation. Den meisten Menschen fällt es nicht leicht, sich täglich Zeit zu nehmen, um sich hinzusetzen und zu meditieren. Mantren können wir jedoch jederzeit und überall hören, singen oder chanten. Sie sind ein großartiges Instrument, das sich wunderbar und praktisch in den Alltag einbauen lässt, um die Nerven zu beruhigen, Stress abzubauen und sich zu zentrieren.

Ich höre und singe Mantren im Auto, am Schreibtisch, beim Aufräumen, beim Gang mit Koukla, auf der Tanzfläche oder im Yogastudio.

Zum Beispiel singe ich immer, wenn ich Wäsche aufhängen muss – nicht gerade meine Lieblingsbeschäftigung, die mir aber durch das Singen viel leichterfällt. Oder neulich standen wir unerwartet im Stau. Nichts bewegte sich, und die Menschen stiegen aus ihren Autos aus. Zudem waren wir eh schon viel zu spät dran. Anstatt uns jedoch zu ärgern, haben wir eine Mantra-CD eingelegt und einfach laut gesungen. Am Ende haben wir eine dreistündige Fahrt, die normalerweise nur eine

Stunde dauert, genossen und sind trotz Verspätung guter Dinge an unserem Ziel angekommen.

Der Alltag bietet viele Situationen, die wir nutzen können, um unsere Energie anzuheben. Das Duschen am Morgen, der Weg zur Arbeit, der Lebensmitteleinkauf, das Abholen der Kinder von der Schule. Auch im vollsten Terminplan gibt es Raum, um uns auf etwas Positives auszurichten. Die Versuchung ist groß, sich dem Stress oder der Sorge hinzugeben. Aber es ist definitiv den Versuch wert, die gleiche Energie, die wir normalerweise negativen Gedanken widmen, zu nutzen und sie auf ein Mantra zu richten. Dabei müssen wir uns noch nicht einmal anstrengen und uns selbst etwas Positives wie etwa eine Affirmation ausdenken.

Das Mantra existiert bereits.
Es braucht nur den Impuls, ein Mantra in unseren Fokus zu holen, und schon kann es für uns wirken.

Meine erste Berührung mit dieser heiligen Musik war im Yogastudio. Beim Anusara Yoga, jener Yogarichtung, die ich praktiziere, wird zur Eröffnung wie auch zum Abschluss der Stunde gesungen. Drei Mal das OM und ein Eröffnungsmantra.

Das Singen dauert nicht lang, es ist eher wie ein Ankommen und holt jeden Einzelnen dort ab, von wo er gerade herkommt. OM gilt als der Urklang des Universums, die Schwingung, aus der alles besteht. Es ist immer wieder interessant zu hören, wie das OM am Anfang der Yogastunde im Vergleich zum Ende klingt. Du kannst richtig hören, wie zu Beginn jeder noch in seinen Gedanken steckt und den alltäglichen Herausforderungen nachhängt. Am Ende der Stunde klingt der Gesang dann ganz anders. Befreiter vom Verstand und mehr im Körper angekommen, entstehen warme, harmonische Klänge, die alle Kursteilnehmer miteinander verbinden, als würden sie schon Jahre zusammen singen.

Das Großartige an Mantren ist: So wenig, wie Du sie verstehen musst, so wenig musst Du singen können. Selbst wenn Du Sorge hast, schräg zu klingen, kannst Du einfach drauflos singen. Glaub mir, ich weiß, wovon ich spreche. Die Silben tragen Dich und Deine Stimme, und je länger Du singst, desto weiter tragen sie Dich weg vom Verstand hinein in Dein Herz. Irgendwann vergisst Du vollkommen, dass Du eigentlich gar nicht in der Lage warst, die richtigen Töne zu erwischen. Und prompt triffst Du genau den Ton, der Dein Herz berührt und zum Vibrieren bringt. Das funktioniert auch, wenn Du ganz leise singst. Je mehr Menschen zusammenkommen und singen, desto stärker wird die Herzensvibration. Die Kraft, die daraus entsteht, macht alles möglich.

Auf Kirtan-Konzerten habe ich schon die volle Bandbreite erfahren dürfen. Einer meiner Favoriten ist Dave Stringer. Ein cooler Typ, Amerikaner und mein persönlicher David Bowie unter den Kirtan-Musikern. Ich habe ihn in kleineren Sessions im Yogastudio wie auch auf größeren Konzerten erlebt, und jedes Mal artete es in eine wilde Party aus. Früher oder später sprangen alle Menschen auf und sangen und tanzten wie verrückt. Wie auf Rockkonzerten oder guten Elektro-Clubabenden. Nach Dave-Stringer-Konzerten bin ich stets völlig verschwitzt, erfüllt und schwebe körperlich, mental und emotional gereinigt nach Hause.

Es kann einem aber auch ganz anders gehen. Ich werde nicht vergessen, wie ich einst eine Freundin mit zu Dave Stringer nahm, nicht ganz sicher, ob ihr diese Art von Musik gefallen würde. Und tatsächlich, als alle wie in Ekstase tanzten und jubelten, saß sie regungslos inmitten der Menge da, mit geschlossenen Augen, und rührte sich zwei Stunden lang nicht vom Fleck. Immerhin verließ sie nicht den Saal. Aber als der Abend vorbei war, verabschiedete sie sich zügig, und ich war sicher, dass es wohl keine gute Idee gewesen war, sie mitzunehmen. Zwei Tage später rief sie mich dann an und erzählte, dass die Kraft sie völlig umgehauen hätte. Sie sei vollkommen versunken gewesen und irgendwo in die Ferne in einen tiefen Frieden getragen worden, mit dem Ergebnis, dass sie noch immer schweben würde. Was für eine wunderbare Erfahrung.

Praxis

Suche Dir einen bewussten Augenblick am Tag für Musik. Zum Beispiel am Morgen auf Deinem Weg ins Büro oder aber am Schreibtisch für fünf Minuten, bevor Du mit der Arbeit loslegst. Ideal ist auch eine tägliche Routine, wie das Duschen, Kochen oder eben Wäscheaufhängen. Wähle dafür ein bestimmtes Lied oder Album aus, und dann lass Dich voll und ganz auf die Musik ein. Lass die Musik nicht einfach nur im Hintergrund laufen, sondern nutze diesen Moment ganz bewusst. Nimm die Musik als Inspiration, als direkte Verbindung zum Himmlischen.

Wenn Du neugierig auf Kirtan-Musik geworden bist, kann ich Dir neben Dave Stringer auch Deva Premal & Miten, Snatam Kaur oder Janin Devi empfehlen, um nur einige zu nennen. Ebenso kann es jegliche Art von Musik sein, die sich als Herzöffner eignet. Pop, Soul, Rap, Reggae, Klassik, House und ja, auch Elektro.

Du kannst selbstverständlich die Engel um Hilfe bitten. Frage sie nach ihrem Musiktipp für Dich, und dann lass Dich führen. Vielleicht bekommst Du den Impuls, eine alte Platte oder CD wieder herauszuholen und sie anzuhören. Oder aber Du stöberst auf YouTube und wirst von einem Musikvideo ganz und gar eingehüllt? Solche Situationen kennst Du bestimmt. Man stößt im Netz völlig unerwartet auf etwas, das mitten ins Herz geht. Während man eigentlich mit etwas ganz anderem beschäftigt ist, springt man von einem Link zum nächsten und landet plötzlich auf einer Seite, bei einem Artikel, oder einer Person, die direkt zu einem spricht. Und genau so kannst Du Dich zu Deinem Musikvideo führen lassen, das Dir und Deiner Seele gerade guttut.

Ein weiterer großartiger Weg, der mich in letzter Zeit oft aus vernebelten Momenten geholt und mir augenblicklich wieder Klarheit geschenkt hat, ist die App Spotify, auf der Du kostenlos Musik hören kannst. Dort stelle ich dann Shuffle ein, also das zufällige Auswählen eines Songs, und bekomme fast jedes Mal ein Lied, das mein Herz berührt und mich genau dort rausholt, wo ich gerade feststecke. Spätestens wenn ich das Lied das dritte Mal in Folge höre, geht es mir wieder gut. Oft ist es sogar eine Band, die ich gar nicht kannte. Dann habe ich dazu noch eine tolle Neuentdeckung gemacht.

Ich empfehle Dir sehr, diesen wunderbaren Herzöffner regelmäßig anzuwenden. Er funktioniert immer! Unsere Zellen gehen nun mal mit anderen Schwingungen in Resonanz und lassen sich selbst dann nicht davon abhalten, wenn wir schlechtester Stimmung sind. Wir können gar nicht anders, als positiv zu reagieren.

Herzöffner 15: Orbs

Engel auf Fotos, ist das wirklich möglich?

Hierbei handelt es sich um ein wissenschaftliches Phänomen, das heiß diskutiert wird und bis heute noch nicht voll ergründet ist. In jedem Fall zeigen sich dank der Digitalfotografie häufig kleine Lichtkreise, von denen viele sagen, es seien die Lichtkörper himmlischer Energien. Für mich macht es absolut Sinn, diese Energie als Engel zu definieren.

Ich bin sicher, Du kennst diese kleinen Kreise auf Fotos, die auf den ersten Blick aussehen wie bloße Lichtreflexionen. Doch wenn man genauer hinsieht, zeigen sie unterschiedlichste Farben und Formen und weisen erstaunliche Merkmale auf. Besonders häufig sind sie gemeinsam mit Kindern oder Tieren auf Fotos zu sehen, aber sie tauchen auch bei feierlichen oder freudigen Anlässen, in der Natur oder einfach so auf.

Diese Phänomene nennen sich Orbs, und es gibt einen Film sowie Bücher zu diesem Thema.

Den ersten Orbs begegnete ich in Brasilien, als wir bei Joao de Deus in Abadiania waren, jenem heiligen Ort, an dem dieser außergewöhnliche Heiler wirkte. Während wir schon früh am Morgen zu Joao pilgerten und uns, über Stunden in der Meditation versunken, ganz seiner Liebe und Wirkkraft hingaben, wurde zum Abend hin die Stimmung eher ausgelassen und die uns umgebenden Hotelgäste ganz hibbelig. Alle waren wild darauf, mit ihren Fotoapparaten Orbs einzufangen. Als wir erfuhren, worum es sich dabei handelte, erfasste auch uns das Orbfieber.

Feierlich stellten wir uns zur Dämmerung nach draußen, luden in Gedanken die Engel ein und waren gespannt, was wir auf unseren Fotos entdecken würden.

Und siehe da, nach einigen Versuchen tauchte tatsächlich ein kleiner Lichtkreis rechts neben mir auf. Auf dem nächsten Foto waren es sogar zwei, ein kleiner schwebte links über mir und ein größerer links zu meinen Füßen. Der Anblick berührte mich sehr. Bei Sebastian funktionierte es ebenfalls, auf einem Foto schwebte ein Orb direkt neben seinem Kopf. Wir waren begeistert. Nun war ich schon so lang mit meinen himmlischen Freunden unterwegs, und plötzlich waren sie auf

Fotos sichtbar. Und nicht nur das: Es war sogar möglich, mit den Orbs zu kommunizieren.

Einen Tag nach unserer faszinierenden Entdeckung erzählte uns ein Bekannter, dass er eigentlich zurück nach Deutschland fliegen müsse, da seine Familie ihn erwarte, er jedoch das starke Gefühl habe, er solle noch einige Tage länger an diesem heiligen Ort bleiben. Sein Herz sagte ihm, dass noch etwas Großes auf ihn warte. Die Entscheidung beschäftigte ihn sehr. Hin und her gerissen saß er in seinem Hotelzimmer, und schließlich wandte er sich an die Orbs. Er bat sie, ihm ein Zeichen zu geben, wenn er tatsächlich bleiben sollte. Dann hielt er seinen Fotoapparat in die Luft und drückte mehrmals ab. Das Ergebnis war die Attraktion des darauffolgenden Tages. Die Orbs hatten geantwortet, und das auf sehr besondere Weise. Sie hatten sich zusammengetan, sodass die Lichtkreise sich überlagerten und ein deutlich erkennbares, wunderschönes Herz formten. Welch eine klare Botschaft. Unser Bekannter hörte auf sein Herz und verlängerte mit Einverständnis seiner Familie seinen Aufenthalt in dem magischen Abadiania.

Aber wir brauchen uns nicht in die Ferne an einen außergewöhnlichen Kraftort zu begeben, Orbs lassen sich überall fotografieren. So auch in Berlin Mitte auf einer feuchtfröhlichen Geburtstagsparty, die ich vor

Jahren in einer Bar feierte. Es war ein ganz besonderer Geburtstag, denn ich hatte als Überraschung eine Kirtan-Sängerin mit Band eingeladen, die nach dem Dinner plötzlich auftauchte. Überraschend auch deshalb, weil die meisten meiner Freunde bis dahin noch nie etwas von Kirtan-Musik gehört, geschweige denn Kirtan-Songs gesungen hatten. Ein echtes Experiment also, wobei ich nicht sicher war, wie viele sich darauf einlassen würden. Natürlich hatte ich die Engel mit eingeladen und sie um ihre Unterstützung und Hilfe gebeten, dass die Geburtstagsfeier kein kompletter Reinfall werden würde. Und das wurde sie auch nicht.

Alle, wirklich alle haben an diesem Abend mitgesungen, und es war eine magische Erfahrung. Der Übergang von Kirtan zu elektronischer Musik war dann ebenfalls magisch. Es dauerte keine zehn Minuten, und die Tanzfläche wurde gestürmt von einer wild tanzenden, dem DJ zujubelnden Gästeschar. Alle Herzen waren geöffnet, und es wurde ein ganz besonderes Fest, das bis in die frühen Morgenstunden hinein dauerte.

Als ich am nächsten Tag die Fotos anschaute, entdeckte ich Orbs auf dem Logo der Bar. Sie bestätigten mir, dass die Engel die Location an dem Abend in ihr liebevolles Licht gehüllt hatten, worum ich sie von Herzen gebeten hatte. Als ich die Orbs dem Besitzer zeigte, staunte er nicht schlecht und wollte das Foto unbedingt haben. Andere Orbs waren bei Janin Devi und ihrer Band zu sehen, deren Gesang von den Engeln unterstützt wurde. Den allergrößten Orb entdeckte ich auf einem Foto, das uns alle singend zeigte. Er schwebte direkt über uns und sorgte offensichtlich dafür, dass die Mantren all unsere Herzen berührten.

Später tummelten sich die Engel auch auf der Tanzfläche. Dort fiel mir besonders eine Freundin auf, deren Kleid mit kleinen Orbs bedeckt war. Was keiner wusste: Sie war zu jener Zeit schwanger und seit Wochen von einer solchen Übelkeit geplagt, dass sie sich stets schonen und immer früh ins Bett gehen musste. Zu diesem Anlass aber tanzte sie die halbe Nacht durch, und erst gegen vier Uhr früh konnte ihr Mann sie überreden, langsam aufzubrechen.

Als ich ihr einige Tage später das Foto mit den Orbs auf ihrem Bauch zeigte, offenbarte sie mir ihr kleines Geheimnis. Wir waren beide sehr gerührt. Die Engel wachten ganz offensichtlich über Mutter und Kind und hatten meiner Freundin nach Wochen der Übelkeit endlich wieder einen energiegeladenen Abend geschenkt. Die himmlischen Freunde waren omnipräsent, und die vielen Orbfotos gaben uns noch einmal eine sichtbare Bestätigung dessen, was an dem Abend bereits für alle spürbar gewesen war.

Über die Jahre sind mir auf vielen Fotos alle möglichen Orbs begegnet, und jedes einzelne Mal bin ich fasziniert von ihnen. Sie haben unterschiedlichste Größen, Farben und Strukturen. Manchmal ziehen sie einen Schweif hinter sich her, als würden sie noch schnell in das Foto fliegen, damit wir sie auch wirklich erwischen. Oder es zeigt sich sogar ein ganzer Orbregen, der sich über das Bild ergießt. Immer wieder schaue ich mir mit größter Freude Fotos an, auf denen Orbs zu sehen sind, denn sie erinnern mich daran, wie nah die Engel uns Menschen sind und wie sehr sie uns unterstützen.

Gleichzeitig haben Orbs, wenn wir sie betrachten, eine heilende Wirkung auf uns. Sie tragen himmlische Energien, Liebe und Botschaften in sich, die wir über die Fotos direkt in unser Bewusstsein aufnehmen können. Dies geschieht einfach, selbst wenn wir zweifeln oder skeptisch sind. Die Engel schenken uns das, was für uns angemessen ist und uns guttut. Es ist sogar so, dass das Betrachten und Sich-Einstimmen auf Orbs einen ähnlichen Effekt hat wie das Meditieren. Vielleicht entpuppen sich Orbs ja zu einer kleinen Meditation, die Dir Spaß macht?

Praxis

Schnapp Dir einen Fotoapparat, ein Smartphone oder Tablet, und lass Dich offenen Herzens auf dieses Experiment ein. Lade die Engel ein und bitte sie, sich zu zeigen, um Dich in Deinem Vertrauen zu bestärken. Sei nicht enttäuscht, wenn es nicht direkt klappt.

Du kannst auch ältere Fotos durchstöbern. Bilder von schönen Reisen, Hochzeiten, in der Natur, mit Kindern oder Tieren. Du wirst erstaunt sein, wo Du unsere himmlischen Freunde überall entdecken wirst.

Das Universum kennt keine Zeit, es kennt nur Ereignisse. Alles findet parallel statt, die Fäden werden gesponnen, und alles erscheint zum perfekten Zeitpunkt – dann nämlich, wenn wir bereit dafür sind. Der Himmel hat keine Eile, Gott und die Engel sind niemals zu spät, und das himmlische Timing ist immer perfekt.

Noch einmal zur Erinnerung: Lade täglich Deine himmlischen Freunde ein, und bitte sie, Dich zu begleiten.

Sie tun alles, um Dir ein gutes Gefühl zu schenken. Sie konzentrieren sich ausschließlich auf die Liebe, die sie in Dir sehen, nicht auf Deine Ängste. Ihr Fokus ist das, was Dein Herz sich wünscht, nicht das, wovor Du Dich fürchtest. Liegt Deine Aufmerksamkeit auf Deinen Herzenswünschen, und fühlst Du Vertrauen, Glauben und Optimismus, dann schwingst Du auf einer Frequenz, auf der Deine himmlischen Freunde Dich leicht erreichen können. Auf der Ebene können sie Dich führen und Dir den Weg weisen. Sie arrangieren alles, was Du brauchst.

Auf magische Art und Weise kehren Wunder in Dein Leben ein, alles erscheint möglich – und alles ist möglich.

Wenn zwischenzeitlich Momente des Zweifels oder der Sorge aufkommen, ist das nicht schlimm. Im Gegenteil, es ist ganz normal, schließlich sind wir Menschen. Aber es ist wichtig zu wissen, dass Du immer die Möglichkeit hast, Dich neu auszurichten. Und zwar direkt im nächsten Augenblick! Und wenn das nicht klappt, dann in der nächsten Stunde oder auch am nächsten Tag. Du hast immer die Chance, Deine Gefühle und Gedanken erneut auf etwas Positives zu lenken. Du kannst jederzeit dafür sorgen, dass Du Dich besser fühlst. Vor allem, wenn Du Deine Engel bittest, Dich dabei zu unterstützen. Du weißt inzwischen, wie kreativ sie sind und dass sie alles daran setzen, um Dich aufzuheitern und Dir positive Gedanken und Freude zu schicken.

Doch kann es hin und wieder passieren, dass die Engel uns nicht erreichen, weil wir zu sehr mit unserer Sorge oder Angst beschäftigt sind. Wenn wir komplett eingehüllt sind von einer emotionalen Wolke der Negativität oder Angst, kann ihr Licht nicht zu uns durchdringen.

Das ist der Moment, in dem die Herzöffner uns zugute kommen. Sie sorgen dafür, dass sich unsere Stimmung und damit unsere Schwingung – auch in kürzester Zeit – anhebt. Sie können, wie ihr Name besagt, direkt unser Herz öffnen. Und wenn es nur für einen winzigen Augenblick ist. Aber dieser Moment reicht, um einen Engelfunken in uns zu zünden. Schon ein winziger Funken Licht gibt unseren himmlischen Freunden die Möglichkeit, uns zu erreichen.

Unser Herz ist der Kanal unserer Seele. Unsere Seele weiß, warum wir hier auf der Erde sind. Ihre Sehnsucht spiegelt sich in unseren Herzenswünschen wider. Mit anderen Worten: Die Seele kennt unseren Plan und drückt ihn durch unsere Freude aus.

Wäre es nicht wundervoll, diesen Plan ebenfalls zu kennen? Es würde uns vieles erleichtern. Es würde uns alles erleichtern!

Worauf warten wir dann noch? Lass uns die Herzöffner anwenden, und lass uns gemeinsam mit den geliebten Engeln unserer wahren Freude und damit unserem ganz persönlichen Seelenplan folgen!

Danksagung

Viele Engel, himmlische und irdische, haben dazu beigetragen, dass dieses Buch entstehen konnte.

Mein tiefer Dank geht an meine Liebe Sebastian, meinen Seelenpartner, der auf magische Weise zum perfekten Moment in mein Leben trat. Du bist mein Rückenwind im Universum. Es ist das größte Geschenk, gemeinsam mit Dir zu wachsen und diese aufregende Reise des Lebens, unseren Seelenweg, gemeinsam zu beschreiten. Ohne Dich, Deine Liebe und Dein Licht wäre ich nicht da, wo ich jetzt bin, und dieses Buch würde nicht existieren.

Auch danke ich meiner geliebten Familie, meiner Mutter, meinem Vater und meiner Schwester samt ihrer kleinen Familie für ihre grenzenlose Liebe, Kraft und stetige Zuversicht, mit der wir zusammen alles schaffen konnten. Ich danke Euch für Euer Vertrauen in meine Hinwendung zu etwas Höherem, jenseits des Greifbaren, und ganz bestimmt jenseits der Medizin. Danke für Eure liebevolle Unterstützung bei jedem einzelnen Schritt auf meinem Weg.

Mein Herzensdank gilt unserer Hündin Koukla, die mir jeden Tag aufs Neue zeigt, was bedingungslose Liebe wirklich bedeutet. Dank Dir habe ich an so manchen Tagen überhaupt das Haus verlassen, Deine treue und liebevolle Präsenz ist aus meinem Leben nicht mehr wegzudenken. Du bist der größte Herzöffner.

Ebenso möchte ich Dr. Reny Abpurg meinen tiefen Dank ausdrücken. Es ist ein Geschenk, von Dir behandelt zu werden und in Deinem Quantenfeld sein zu dürfen. Die Erfahrungen, Begegnungen und Ergebnisse eines jeden einzelnen Besuchs sind eine Offenbarung und unsere Ausflüge zu Dir ein heiliges Ritual. Von Herzen danke ich auch meiner spirituellen Lehrerin und lieben Freundin Mari Nil. Durch unsere Begegnung durfte sich mein Bewusstsein in einem rasanten Tempo erweitern, und dank Deiner Channelings, Meditationen und Retreats weiß ich, wie vollkommen die göttliche Liebe ist. Die Engel haben uns zusammengeführt, und ich freue mich auf den himmlischen Weg, auf den sie uns weiterführen werden.

Von Herzen danke ich meinem vertrauten Freund Prof. Wolfgang Lanksch, der mich nicht nur operierte, sondern mich seit dem ersten Tag der Diagnose bis heute weise, liebevoll und mit großem Humor begleitet. Ebenso danke ich Prof. Volker Sturm für die zweite, himmlisch geführte Operation. Ein Herzensdank geht auch an Antje Korth für unzählige Energie bringende Behandlungen und wundervolle Retreats in Griechenland und Norwegen; Dr. Ilse-Maria und Jürgen Fahrnow, die uns schließlich nach Brasilien zu Joao de Deus führten. Dafür und für den Wasser-Segen wie auch weitere geistige Geschenke danke ich Euch sehr.

Anabel und Garbo, Euch danke ich ganz besonders. Ihr habt mir in den schwierigsten Momenten durch Euer Licht und einfach durch Euer Sein große Kraft gegeben, unsere Freundschaft wie auch unsere Lachanfälle sind Balsam für meine Seele. Auch möchte ich Theresa, Tina, Cristina, Jörg und allen lieben Freunden danken, die trotz meines radikalen Rückzugs in die Autorenhöhle stets für mich da waren. Yogatribe, meinem Yogastudio mit seinen außergewöhnlichen Anusara-Lehrern, kann ich gar nicht dankbar genug sein. Ihr sorgt seit Jahren für mein körperliches, geistiges und seelisches Wohlbefinden und wart während der langen, bisweilen arg zähen Monate des Schreibens und vielen Sitzens meine persönliche Tankstelle. Ebenso danke ich der Bösen Buben Bar, unserem erweiterten Wohnzimmer und wunderbaren Büro, für die besondere Atmosphäre bei entscheidenden Meetings und Arbeitssessions sowie die köstliche Versorgung.

Und ich danke Matthias, in dessen Hände ich das Skript erstmals geben konnte, als es noch ein zartes Pflänzchen war. Dein konstruktives und kluges Feedback war von unschätzbarem Wert und eine große Hilfe für mich. Ein Dankeschön geht auch an Franzi und Julia, die mir in den letzten Schreib-Zügen noch behilflich waren. Ganz besonders danke ich meinem Verleger Michael Görden für seine großartige, kreative Unterstützung, die wertvollen Impulse und sein Vertrauen in mich als Autorin.

Schließlich danke ich Greta und Jürgen Lipp für die vielen wundervollen Events, auf denen ich meine persönlichen spirituellen Heros live erleben und oftmals kennenlernen konnte. Ich danke vor allem Doreen Virtue, Neale Donald Walsch und Eckhart Tolle, die wichtige Lehrer und entscheidende Wegweiser in meinem Leben sind. Ein großes Dankeschön auch an Kyle Gray. Du hast mir gezeigt, dass man lässig über Engel und die allumfassende göttliche Liebe sprechen und gleichzeitig ein lichtvoller Lehrer sein kann.

Und dann ist da doch noch ein ganz besonderes Dankeschön: an meinen Fotografen Christian Kaspar aus München. Seine Fotos auf dem Cover und bei den Kapitelanfängen haben mir sehr geholfen, dem Buch seinen eigenen Stil zu geben und sollen meine Leserinnen ermuntern, sich auch selbst so zu sehen.

Und zu guter Letzt danke ich den geliebten Engeln, meinen himmlischen Begleitern und der göttlichen Quelle selbst, die dieses Buch überhaupt möglich machen. Ich verbeuge mich vor Euch in tiefer Demut und Dankbarkeit für all die Wunder und Geschenke, die ich durch Euch erfahren darf. Danke, dass Ihr mich über Jahre auf das »Outing« als Engelbotschafterin vorbereitet habt, mich Schritt für Schritt sanft vorangeschoben und in den richtigen Augenblicken vorangeschubst habt, damit ich mich all das überhaupt traue. Ich kann mir keine schönere Aufgabe vorstellen, als Eure Botschaft in die Welt bringen zu dürfen.

Die Herzöffner

Herzöffner 1: Dein erstes Engelzeichen
Wie Du Deine himmlischen Begleiter um ein Zeichen bitten kannst, so dass Du sie wahrnehmen und an sie glauben kannst.

Herzöffner 2: Schreiben mit den Engeln
Wie Du schriftlich mit den Engeln kommunizieren, direkte Antworten auf Deine Fragen bekommen oder Dich von ihnen führen, inspirieren und aufmuntern lassen kannst.

Herzöffner 3: Lächeln
Die Meditation des Lächelns, die den Engeln hilft, Dich zu erreichen und Dir selbst, Deinen Mitmenschen wie auch Deinen Themen Mitgefühl und Heilung schenkt.

Herzöffner 4: Mit Engeln in Prüfungen, Meetings und bei wichtigen Terminen
Die Einladung an die Engel, Dich bei herausfordernden Situationen zu begleiten und Dich zum höchsten Wohle zu unterstützen; ebenso die Einladung an die Engel, wie sie den Raum vorbereiten und mit ihrem Lichtstrahl der Liebe reinigen können.

Herzöffner 5: Dankbarkeitsbuch auf dem Nachttisch
Der effektive Weg, Deinen Tag positiv zu beginnen oder freudig zu beenden, indem Du am Morgen nach dem Aufwachen oder am Abend vor dem Einschlafen fünf Dinge notierst, für die Du dankbar in Deinem Leben bist.

Herzöffner 6: Dankbarkeitsgang zur Erfüllung unserer Wünsche
Spaziergang an der frischen Luft, bei dem Du Deine Gedanken voller Dankbarkeit auf Deine Wünsche richtest, und zwar so, als hätten sie sich bereits erfüllt.

Herzöffner 7: Der Dankbarkeitstanz
Freudiger, ausgelassener Tanz, bei dem Du gemeinsam mit Deinen Engeln dankbar Erfolge feierst, die Du noch in Deinem Leben manifestieren möchtest.

Herzöffner 8: Wo befindet sich mein Schutzengel?
Wie Du herausfindest, wo sich Dein Schutzengel befindet und in welcher Form Du ihn wahrnehmen kannst.

Herzöffner 9: Engeleinladungen
Morgendliche Einladung an die Engel, durch die Du dem Himmel ermöglichst, Dich den ganzen Tag über zu führen und durch Dich, für Dich und mit Dir zu wirken.

Herzöffner 10: Schicken von Lichtkugeln (inspiriert von Mari Nil)
Werkzeug in Form von Licht- oder Heilkugeln, die Du in Situationen, in Aspekte des Lebens und in Räume schicken oder auch zur Heilung von Dir, von anderen Menschen, von Tieren oder von Mutter Erde anwenden kannst.

Herzöffner 11: Mentales Training

Fokussiertes Gedankentraining, bei dem Du Dich eine gewisse Zeit auf eine sportliche Aktivität konzentrierst, die Dir Freude macht, und Dich innerlich dabei beobachtest, wie Du sie ausübst.

Herzöffner 12: Verbinden mit Mutter Erde

Meditation, die Dich mit dem Herzen der Erde wie auch mit dem Himmel verbindet und Dich so zu einem heilenden Kanal zwischen Himmel und Erde werden lässt.

Herzöffner 13: Engelort des Friedens

Ein bewusster Platz in Deinem Zuhause, an dem Du ausschließlich liebevolle und friedliche Gedanken hegst, bis er energetisch so aufgeladen ist, dass er sich der lichtvollen Frequenz der Engel angleicht und sie Dich dort immer erreichen können; ein ebenso bewusster Ort draußen in urbaner Umgebung, den Du hegst und pflegst.

Herzöffner 14: Musik

Ein Augenblick am Tag, den Du Dir für einen Song oder ein Album Deiner Wahl reservierst, um Dich mit Deinem vollen Bewusstsein auf die Musik einzulassen und Dich in eine andere Schwingung versetzen zu lassen.

Herzöffner 15: Orbs

Lichtkörper von himmlischen Energien auf Fotos, die Dich nicht nur daran erinnern, wie nah die Engel uns Menschen sind, sondern Dir auch Botschaften oder Heilung schicken können, während Du sie auf den Bildern betrachtest.

Quellen der Inspiration

Bücher

Neale Donald Walsch: »Gespräche mit Gott«. München 2006
Eckhart Tolle: »Eine neue Erde«. München 2005
Jana Haas: »Der Seelenplan«. München 2014
Mari Nil: »Die Essenz Gottes«. München 2011
Kyle Gray: »Hallo Engel«. Berlin 2014
Doreen Virtue: »Die Heilkraft der Feen«. Berlin 2008
Doreen Virtue: »Botschaft der Engel«. Berlin 2007
Gabby Bernstein: »Du bist dein Guru«. Berlin 2014
Dieter Broers: »Sonnenzeit – Aufbruch in eine neue Ära«. München 2013
Louise Hay: »Wahre Kraft kommt von innen!«. Berlin 2013
Julia Cameron: »Der Weg des Künstlers«. München 2000
Masaru Emoto: »Die Botschaft des Wassers«. Burgrain 2002

Musik

Janin Devi: »The Divine Game«. 2009
Snatam Kaur: »Live in concert« with Guru Ganesha Singh. Spirit Voyage 2007
Snatam Kaur: »Anand«. Spirit Voyage 2006

Snatam Kaur: »Liberation's Doors«. Spirit Voyage 2009
Super700: »Life with Grace«. Motor Music 2012
Fritz Kalkbrenner: »Willing«. Suol 2012
Pharell Williams: »Happy« (Video auf YouTube)
Ayo: »Joyful«. Universal 2006
Beyoncé: »Halo«. Music World Music/Columbia 2009
Kristina Pao Cheng & David Gluck: »Sounds of sHe«. 2006
Deva Premal & Miten: »So much magnificence« (YouTube)
Milo Greene: »Milo Greene«. Atlantic 2013
Miley Cyrus: »The Backyard Session« (drei Videos auf YouTube)
Carioca: »Celebration«. CD Baby 2008

Filme

»I AM – The Documentary« (2010), Regie: Tom Shadyac
»Epic – Verborgenes Königreich« (2013), Animationsfilm, Regie: Chris Wedge
»Evan Almighty« (2007), u.a. mit Steve Carell, Morgan Freeman, Regie: Tom Shadyac
»Hinter dem Horizont« (1998), u.a. mit Robin Williams, Regie: Vincent Ward
»Flawed« (2010), 12-Minuten-Kurzfilm von Andrea Dorfman (auf YouTube)
»Wenn Träume fliegen lernen« (2004), u.a. mit Johnny Depp, Kate Winslet, Dustin Hoffman, Regie: Marc Foster
»Hereafter – Das Leben danach« (2010), u.a. mit Matt Damon, Regie: Clint Eastwood
»Blind Side – Die große Chance« (2009), u.a. mit Sandra Bullock, Regie: John Lee Hancock